中国城镇低收入居民消费力研究

Research on the Consumption Ability of Chinese Urban Low-income Residents

姜宝华／著

经济管理出版社
ECONOMY & MANAGEMENT PUBLISHING HOUSE

图书在版编目（CIP）数据

中国城镇低收入居民消费力研究/姜宝华著．—北京：经济管理出版社，2020.3
ISBN 978-7-5096-7059-0

Ⅰ.①中… Ⅱ.①姜… Ⅲ.①城镇—居民消费—消费力—研究—中国 Ⅳ.①F126.1

中国版本图书馆 CIP 数据核字(2020)第 024177 号

组稿编辑：胡 茜
责任编辑：任爱清
责任印制：黄章平
责任校对：张晓燕

出版发行：经济管理出版社
（北京市海淀区北蜂窝 8 号中雅大厦 A 座 11 层 100038）
网 址：www.E-mp.com.cn
电 话：（010）51915602
印 刷：北京玺诚印务有限公司
经 销：新华书店
开 本：720mm×1000mm/16
印 张：9.25
字 数：151 千字
版 次：2020 年 6 月第 1 版 2020 年 6 月第 1 次印刷
书 号：ISBN 978-7-5096-7059-0
定 价：59.00 元

前　言

自党的十八大以来，我国坚定地转变经济发展模式，国民经济增长的主要动力转向消费，最终消费率对经济增长的贡献大幅提升。但是居民消费率却增长缓慢，尤其是城镇低收入居民消费水平低，消费力不强，消费需求得不到充分满足，影响了国民经济的发展；同时还与当前全国建设全面小康社会的目标相违背。基于这样的时代背景和现实意义，本书对中国城镇低收入居民消费展开专门研究。

本书界定了城镇低收入居民消费力的概念，拓展了其内涵；从消费水平、消费结构两个方面对中国城镇低收入居民消费力的发展历史和现状进行比较，归纳它们的发展特征；对中国城镇低收入居民的消费力进行测算，定量化比较他们消费力的变化历程和区域差异，并比较城镇不同收入组的居民消费力值，计量了中国城镇低收入居民消费力的不足；基于西方主流消费理论，结合我国国情，从收入（收入水平、收入不确定性）的视角和支出（支出不确定性、消费习惯）的视角出发，在预防性储蓄模型和缓冲存货模型的框架基础上，构建扩展模型，考察这些因素对中国城镇低收入居民消费力的具体影响，据此分析他们消费力不足的原因；最后提出相应的对策建议。

本书的研究方法包括统计分析、实证检验、图表结合和对比分析等。通过这些方法力图回答三个问题：第一，中国城镇低收入居民消费力发展的历史和现状是怎样的？第二，如何界定消费力，如何定量化测算城镇低收入居民的消费力，从而定量计量中国城镇低收入居民消费力的不足？第三，各主要因素是如何影响城镇低收入居民的消费力，并导致他们消费力不足的？

本书可能的创新有三点：第一，以中国城镇低收入居民消费为对象的研究很少，对城镇低收入居民消费力的研究更少，尽管这一研究主题有很大难度，但本书仍然尝试着努力在这方面开展工作，试图对该领域的研究做出一点贡献。第二，与以往居民消费不足的研究多数是定性分析不同，本书拓展居民消费力的内涵，构建居民消费力的指标体系，找到熵值赋权法确立权重，对城镇低收入居民的消费力进行测算，对他们消费力不足的问题进行定量比较分析。第三，从收入和支出两个视角出发，借鉴主流消费理论中的函数模型进行扩展，构建符合中国实际的消费模型，利用动态面板数据实证分析主要因素对城镇低收入居民消费力的影响，从中寻找中国城镇低收入居民消费力不足的原因。

本书一共分为七章，第一章是导论和文献综述；第二章是理论基础和概念界定；第三章、第四章分析中国城镇低收入居民消费力发展的历史和现状，并对消费力进行定量测算，对中国城镇低收入居民消费力不足的问题进行量化比较和判断；第五章、第六章是建立模型和实证分析部分，分别从收入和支出两个视角研究相关因素对中国城镇低收入居民消费力的具体作用，分析造成他们消费力不足的原因；第七章是全书总结和政策建议、研究展望。本书具体内容安排如下：

第一章介绍了本书研究的背景、意义和目标，对相关文献进行综述，概述了研究思路、方法与内容框架及创新和不足。文献综述发现，有关居民消费的研究很多，为本书提供了很好的基础，但是以中国城镇低收入居民消费力为研究对象的很少，相关研究基本上都是从不同收入层次的居民消费对比角度展开。

第二章介绍了本书的理论基础，对重要概念进行了界定和拓展。居民消费力是指消费者有能力购买的商品与服务数量，本书将其内涵从原来仅仅关注消费支出水平，明确拓展到消费支出水平和消费支出结构两个层面。

第三章详细分析了中国城镇低收入居民消费力的历史和现状。为介绍城镇低收入居民消费力在消费支出方面的表现，本章从消费总水平、消费支出增长率、八项分类消费支出增长、三种分层消费支出变化等方面展开分析。研究发现，虽然我国城镇低收入居民消费自身发展速度较快，但是与其他收入组居民相比，消费水平低、增长缓慢、质量较差，没有完全分享到经济增长的成果。然后，为了分析消费结构方面的情况，本章从八项分类消费结构、三种分层消费结构两方面进行详细的比较分析，通过扩展线性支出系统（ELES）模型对 2015 年中国城镇低收入居民八项分类消费的边际消费倾向、需求收入弹性、自价格弹性等进行了建模和实证分析，用 EViews 8.0 软件做了估计。结果表明，2000 年以后中国城镇低收入居民的消费结构调整升级步伐放缓；他们的食品边际消费倾向最高，在食、行和住等方面存在较大的需求，而交通通信、文教娱乐支出对收入和价格的变动最敏感。对中国城镇低收入居民消费力的历史和现状分析表明，他们的发展状况不乐观。

第四章通过构建居民消费力指标体系，应用熵值赋权法确定各指标权重，定量测算了各省（市、区）和全国城镇低收入居民的消费力值。根据本书对居民消费力内涵的界定，本章采取相应方法得到的居民消费力测算值，是分类消费按客观权重计算得到的加权消费支出水平的计算值，是涵盖了消费支出结构信息的加权消费支出，比常用的居民消费支出统计数据能更好更真实地反映城镇低收入居民对各类商品的消费支出和消费能力。本章还对参与测算的各省（市、区）进行排序，比较分析中国城镇低收入居民消费力的区域差异，绘制中国城镇低收入居民消费力变化曲线；并与城镇其他两个收入组进行比较，发现他们的消费力明显偏弱。综合来看，中国城镇低收入居民不但面临着消费力不足的困境，而且还有消费力不足的问题越来越严重的倾向。

第五章从收入的视角分析中国城镇低收入居民消费力不足的原因。分析他们的收入状况和他们面临的收入不确定性，如社会转型、失业危险、收入差距和流动性约束，都给城镇低收入居民带来收入不确定性。借鉴 Carroll 的缓冲存货模型框架，本章构建了一个包含收入水平和收入不确定性的居民消费行为模型，并用各省（市、区）的面板数据和第四章计算出的消费力测算值，实证分析它们对中国城镇低收入居民消费力的影响。结果表明，收入水平是决定中国城镇低收入居民消费力的关键因素，收入不确定性对他们的消费力也有显著影响；收入增长能显著增强中国城镇低收入居民的消费力；收入不确定性会削弱他们的消费力。因为中国城镇低收入居民收入水平低，面临的收入不确定性大，直接导致他们消费力不足。本章最后总结了消费力不足的收入原因在于：收入水平的支配效应和决定性影响，收入不确定的叠加效应和削弱作用。

第六章从支出的视角分析中国城镇低收入居民消费力不足的原因。我国自改革开放以后，城镇居民原有福利保障快速消失，住房、教育、医疗、养老等开支日益增大，而且预期很不稳定，使城镇低收入居民面临很大的消费支出不确定性。受传统习俗和谨慎保守的消费心理影响，城镇低收入居民表现出明显的消费习惯。本章扩展了经典的 Dynan 预防性储蓄模型，构建包括消费习惯、支出不确定性等因素在内的动态面板数据模型，实证分析它们对城镇低收入居民消费力的影响。分析结果表明，消费习惯和支出不确定性对城镇低收入居民的消费力都有显著影响；消费习惯阻碍收入增长，制约他们的消费力，支出不确定性对居民消费力有显著的负作用，综合起来，两者都削弱了中国城镇低收入居民的消费力。本章最后总结消费力不足的支出原因在于：支出不确定性的风险效应和损害效应，消费习惯的固化效应和阻碍效应。

第七章是主要结论、政策建议和研究展望。本书的主要结论有六点：第一，城镇低收入居民消费力是指他们能够购买的商品和服务的数量，它的内涵必须体现在消费支出水平和消费支出结构两个方面。第二，对中国城镇低收入居民消费力发展状况的分析发现，我国城镇低收入居民消费支出发展很快，消费结构持续优化；但是发展速度相对滞后，绝对发展差距持续扩大。第三，对城镇低收入居民的消费力进行定量测算后发现，中国城镇低收入居民消费力不足，他们的消费力大致只有城镇中等收入居民的 1/2 到 2/3、高收入居民的 1/4 到 1/3。第四，从收入的视角来看，收入水平和收入不确定性对中国城镇低收入居民的消费力都有显著影响。收入增长是增强他们消费力的决定性因素；收入不确定性会抑制他们的消费力。第五，从支出的视角来看，支出不确定性和消费习惯对中国城镇低收入居民的消费力都有显著影响，两者都会削弱他们的消费力。第六，中国城镇低收入居民消费力不足的主要原因是居民可支配收入过低、收入和支出的不确定性影响过大、消费习惯制约作用大等。基于这个结论，本书提出相应的政策建议：大力提高城镇低收入居民收入水平；减少城镇低收入居民的收入不确定性；降低城镇低收入居民消费支出不确定性；树立科学消费观，改变不良消费习惯，促进消费升级。

目 录

第一章 导 论

第一节 研究背景、意义和目标

一、研究背景

本书的研究基于两个重要背景展开。

第一个背景，自新一届国家领导人上任以来，始终坚持正确的经济发展战略，我国经济持续稳定发展，国民经济发展的动力发生根本性变化，从以前依靠投资拉动、外贸推动，坚定地转向依靠内需尤其是居民消费驱动。近几年内需拉动经济增长的战略成绩斐然，最终消费（包括居民消费和政府消费）对国民经济增长的贡献率（即最终消费率，指最终消费支出占 GDP 的比例）大幅提升。不过，在看到成绩的同时不能忘记，即使是在若干年前，我们还在苦苦寻找中国经济转型增长的新动力，原因就在于我国居民消费率长期偏低。

从居民消费率（居民消费支出占 GDP 的比例）变化的历史数据来看（见图 1－1），近 40 年来，虽然我国居民消费率上下有波动，但是总体趋势是非常明显地在持续走弱，也就是说改革开放以后我国居民消费一直处在很低迷的状态。而且与别国相比，我国居民消费率也非常低，据世界银行数据，在世界各国中，2015 年高收入、中高收入、中低收入、低收入国家的居民消费率分别为 60%、

51%、66%、78%，而同年我国仅为 38.88%，相差非常明显。从表 1－1 可见，2015 年全社会最终消费率同比大幅提高，但是居民消费率变化不大，依然处在很低的水平。因此，现实情况是，一方面，我国国民经济增长对消费的支撑需求越来越渴望；另一方面，居民消费率长期徘徊在低位，远低于正常的水平，没有对经济增长做出应有的贡献。

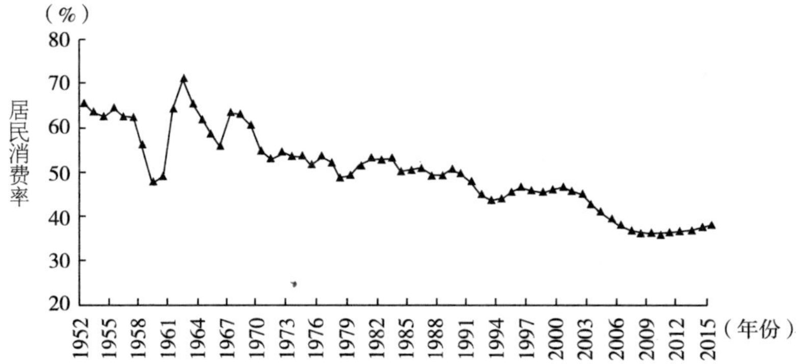

图 1－1 中国居民消费率历史变化趋势

注：数据来自《中国统计年鉴 2016》。

表 1－1 中国居民消费率和最终消费率统计

类别＼年份	2000	2001	2002	2003	2004	2005	2006	2007
居民消费率（%）	47.61	46.57	45.86	43.58	41.37	40.57	38.51	36.94
最终消费率（%）	78.10	49.00	55.60	35.40	42.60	54.40	42.00	45.30
类别＼年份	2008	2009	2010	2011	2012	2013	2014	2015
居民消费率（%）	35.97	36.43	35.60	36.50	36.92	37.31	37.71	38.88
最终消费率（%）	44.20	56.10	44.90	61.90	54.90	47.00	48.80	59.90

注：①数据来自《中国统计年鉴 2016》。②最终消费由政府消费、居民消费两部分组成；消费率指消费支出占 GDP 的比例，代表消费对国民经济增长的贡献率。

第二个背景，党的十八大提出，要到 2020 年全面建成小康社会，目前已经进入决胜全面建成小康社会的关键时期。“小康路上，一个都不能少”，虽然扶贫攻坚的主战场在农村，但是城镇也有一部分低收入居民，他们的收入水平也非常低，生活很贫困，也是国家帮扶的对象，要打赢扶贫攻坚战，必须让城镇低收入居民共享全面小康成果。随着社会进步、国家整体经济实力的大幅提升，中华民族共同富裕的愿望正在逐步付诸行动，越来越多的目光投向城镇低收入居民，党和人民都迫切要求拿出行之有效的措施来积极帮助弱势群体。

二、选题意义

在上述两个有鲜明时代特色的背景下，本书选择以“中国城镇低收入居民消费”作为研究对象，具有十分重要的现实意义和理论意义。

（1）中国城镇低收入居民消费是我国整体居民消费的一个重要组成部分，研究这个群体居民消费力情况，计算他们的消费力值，判断分析其消费力的不足和原因，从中寻找提振中国城镇低收入居民消费水平和增强其消费力的路径，既可以提高国民整体的消费水平，又能为促进其他收入组居民的消费提供经验借鉴，最终激发我国经济增长的源泉，这无疑具有重要的现实意义。

（2）中国城镇低收入居民面临的最大困难就是收入水平低，收入低也是削弱他们消费力的关键因素，帮助他们提高收入，增强他们的居民消费力，满足更多的消费需求，有助于实现中华民族全面小康的奋斗目标，让全体国民都能分享到经济增长的成果，实现社会主义的公平和公正。

（3）以中国城镇低收入居民消费为对象的研究很少，本书选择这一研究主题虽然面临很大难度，但是在这方面努力做一些工作有助于为该研究领域做出一点贡献。另外，以往对居民消费不足的研究多数都是定性分析，本书所做的对居民消费力的定量化测算、对居民消费力不足的定量比较具有较重要的理论意义。

三、研究目标

由于我国还处在改革开放中的社会经济体制转型转轨时期，过去 40 年的发展追求更多的是发展速度，因此，累积了许多发展中的问题，这些问题在城镇低收入居民这个底层和弱势的群体上表现得更为突出和全面。因此，有理由认为，城镇低收入居民是我国城镇居民当中消费行为更为典型、更具代表性的一个群体，我国居民消费疲软、消费力不足的问题在城镇低收入居民身上应该表现得更为鲜明。寻找提高城镇低收入居民消费力的方法，能够帮助发掘我国经济增长的动力之源。按照这个要求，本书重点关注中国城镇低收入居民消费的影响因素，在借鉴前人研究的基础上，对相关消费理论模型进行扩展，构建符合我国现阶段国情的消费模型。本书试图通过理论分析和实证检验回答三个问题：

（1）中国城镇低收入居民消费力发展的历史和现状是怎样的？

（2）如何定量化测算中国城镇低收入居民的消费力，从而量化判断他们消费力的不足？

（3）各主要因素是如何影响中国城镇低收入居民的消费力，并导致他们消费力不足的？

第二节　相关文献综述

一、消费力概念研究

最先使用“消费力”这一概念的是马克思，在《资本论》第三卷中他提到，消费力是一种消费能力，是个人才能的体现和发展。马克思认为，消费力是指在一定时期内，消费者依据各种价格水平所具有的购买各类消费品和服务数量的能力。因此，消费力是指消费者消费能力的大小，体现他们消费水平的高低。在论述消费力时，马克思将其分为两类：个人的消费力和社会的消费力，他对消费力的研究更多侧重于社会消费力。

在经历20世纪上半叶的大萧条之后，为了找到危机根源，西方主流经济学家也对消费力的问题展开了集中研究。在布鲁金斯学会（Maurice Leven，1934）出版的《美国人的消费能力》一书中，首次出现了“消费能力”一词；Alison Comish（1936）认为，消费力是消费者为满足自身消费需求而能够消费的商品或服务的能力；此后西方经济学对消费的研究集中到消费函数上，许多学者都做出了巨大贡献，涌现出众多的消费理论。

近年来，我国学术界也日益重视消费力问题的研究，众多学者从定义、分类、评价标准等角度对消费力进行了深入系统的研究。

在消费力的定义方面，早在改革开放初期，在我国对消费经济理论和实践展开研究时，林丕（1981）就提出了消费力的概念，他认为消费力是由消费者与消费资料、消费劳务结合起来的有机体；我国著名消费经济学家尹世杰（1992）给出了消费力的确切概念，比较具有代表性，他认为消费力就是消费能力，是指消费者进行消费的能力；在尹世杰概念界定的基础上，程恩富（1997）认为，消费力体现了消费者与消费对象之间的关系；方建中（2007）从社会经济范畴的角度出发，认为消费力能引导社会再生产，是经济增长的决定动力。

在消费力的分类方面，罗正齐与李宗茂（1983）从马克思主义的经典著作出发，将消费力划分为绝对消费力和有支付能力的消费力两种类型；尹世杰（1992）基于辩证法与矛盾法，认为消费力可以分为物质消费力与精神消费力，或者分为社会消费力与个人消费力；文启湘与李忠飞（2015）综合分析了消费的主体和消费的客体，认为消费力包含的内容非常丰富，可划分为有支付能力的消费力、潜在的消费力和实际消费力三种类型。

在消费力的评价方面，王强东（2017）基于居民生活消费水平高低和对经济发展成果分享程度，构建了消费力的评价体系，在这个体系中一共有 67 个具体指标，其中，一级指标包括身体健康、经济环境、个人收入、公共服务四类。

二、城镇低收入居民消费力发展的状况研究

受收入水平低下的制约，城镇低收入居民的消费力几乎完全使用出来，他们的实际消费力基本上等于潜在消费力和有支付能力的消费力。因此，城镇低收入居民外在的消费表现就充分代表了他们消费力的发展情况。

现有研究中有大量的文献研究我国居民的消费行为，在这些文献里包含了许多与城镇低收入居民消费相关的研究内容。我国城镇低收入居民消费行为表现与消费力发展状况的研究，也散见于不同居民消费的研究之中。归纳起来中国城镇低收入居民消费有五个特征。

1. 消费的敏感性高

与其他收入组居民相比，中国城镇低收入居民消费行为表现更高的收入敏感性和价格敏感性，对各类因素的反应更大。田青与高铁梅（2009）运用城镇家庭收入分组数据进行检验后发现，我国城镇低收入组的家庭消费敏感性相对更强；王芳（2007）、李春风（2012）等的研究发现，我国城镇居民消费存在过度敏感性，且随收入变化，低收入家庭和高收入家庭的消费敏感性更高，而处在中间的中等收入组家庭消费敏感性相对较低；此外，易行健与张波（2011）发现，低收入居民的消费行为更容易被商品价格波动所影响和左右；臧旭恒等（2012）的研究还发现，对于收入变动和信贷条件的变动，城镇居民消费也表现出一种过度敏感性。

2. 消费受流动性约束大

流动性约束与居民消费行为是现有文献关注的一个重点领域，许多实证研究都揭示流动性对居民消费约束的大小取决于消费者的收入水平，不同收入组的居民消费受流动性约束的程度有很大不同，城镇低收入居民因为可支配收入偏低，受到的流动性约束更大。裴春霞与臧旭恒（2009）的估计表明，我国居民消费受到流动性约束的人口比例高达 60%，说明绝大多数居民都受到流动性的约束；陈乐一等（2013）的研究得出类似的结论：我国城镇人口中占 60% 的低收入和中低收入家庭完全受到流动性约束影响，仅有人口占 10% 的最高收入户不受约束。

3. 消费层次低，消费受到抑制

城镇低收入居民消费整体来说存在消费层次低、消费活动受到抑制的问题。消费层次低突出表现在消费档次低、消费结构不合理等方面。王艳萍（2016）、刘颖纯（2017）发现，我国城镇低收入居民消费的整体层次偏低，消费结构中恩格尔系数相对偏高，生存型消费占比过高，发展型和享受型消费不足，整体而言，低收入居民的消费与其他收入组存在较大的差距；宗成华、宋万杰与马世猛（2016）研究中国低收入地区居民的消费特征，认为低收入地区居民消费的支出水平和消费层次都比较低，消费受到抑制，消费需求没有得到充分满足。

4. 消费结构与其他收入组存在较大差异

城镇低收入居民在消费结构尤其在基本需求结构上与其他居民有很大不同。

赵卫亚（2003）使用面板数据模型对比分析了这方面的差异；赵伟（2006）从家庭服务消费入手比较各收入组在这类消费中表现出来的不同特点；易行健与张波（2011）详细分析中国城镇居民在各类基本消费支出方面的情况，结果表明，城镇低收入居民以食品、衣着为主的基本需求很大，占总需求中最大的一块，相关支出占总收入的比重也最高，城镇低收入居民在基本需求方面，尤其是生活用品服务等方面的消费需求潜力比其他收入组居民要大。

5. 边际消费倾向与其他收入组存在不同

城镇低收入居民在边际消费倾向上也表现出不同的特征。陈建宝等（2009）的分析表明，中国不同收入组居民的边际消费倾向差异很大；易行健与张波（2011）证明，在食品、衣着、居住、交通、通信方面城镇低收入居民普遍表现较大的边际消费倾向；冯婷婷与张淼（2012）改进扩展型线性支出模型，将其用来分析中国城镇低收入居民的边际消费倾向；董鹤与赵昕东（2014）比较各收入组居民消费弹性系数的变化趋势，结果发现，消费弹性与收入成正比，收入越高，消费弹性越大，低收入居民的消费弹性最低，呈现较强的刚性需求。

三、城镇低收入居民消费力的影响因素研究

大量文献从理论与实证的各个角度分析众多因素对居民消费的具体作用，下面重点综述与本书内容密切相关的几个关键因素。

1. 居民收入

（1）收入水平。居民收入水平无疑是居民消费最大的影响因素，早期西方的消费理论其实就是关于消费与收入关系的函数理论，如绝对收入假说、相对收入假说、生命周期假说、持久收入假说，都是纯粹研究消费与收入之间的关系。此后提出的许多新的消费理论，包括预防性储蓄假说、流动性约束假说、缓冲存货储蓄假说等，虽然考虑了跨期消费和不确定性等因素的影响，但是始终都紧密围绕收入与消费的关系展开研究。

（2）收入差距。收入差距的影响很早就受到重视，Kaldor（1955）研究了收入不平等对消费的重要影响；Valley（1976）的研究发现，消费与收入差距密切相关，计量了收入差距对消费倾向的影响；Musgrove（2005）比较了不同收入国

家的情况，发现收入不平等对消费的影响在低收入国家反而相对不明显；Jin Ye（2011）发现，收入不平等对居民消费的负面效应在低收入者当中最强。在中国，李军（2003）、藏旭恒与张继海（2005）的研究都认同收入差距与总消费负相关；孙凤与易丹辉（2000）发现，收入差距会深刻地影响到城镇居民的消费结构；王艳与范金（2007）认为，尽管收入差距对耐用消费品影响较大，但是对教育支出、衣着消费等的影响不大；崔海燕与杭斌（2014）研究了收入差距对不同收入城镇居民消费的影响，结果发现，收入越低的居民他们的消费影响越显著。

（3）流动性约束。因为居民持有的现金或资金量不够，且消费期间无法从他人或组织（如银行）拆借到足够资金，从而不能充分满足消费需求，这就是居民消费遭遇的流动性约束。流动性约束主要起到桥梁作用：其一，收入水平通过流动性约束来实现对居民消费的制约。唐绍祥（2010）分析在流动性约束下我国居民的消费行为，研究表明，当前阶段收入以及流动性约束对我国居民消费的影响很大。其二，消费信贷也会通过流动性约束影响居民消费。Jappelli（1989）和 Smith（2005）发现，居民消费受消费信贷的影响非常显著，包括住房贷款和其他类型的贷款；Carroll（2001）的研究也认同居民消费过程中消费信贷的重要作用。

除此之外，许多文献注意到收入分配结构对居民消费的影响，普遍的结论认为，收入分配不合理会导致居民收入差距扩大，是导致居民消费总水平下降的重要原因。此外，不同收入层次居民的收入结构差异很大，进而也会影响到消费结构和分类消费支出水平。

2. 不确定性

主流消费理论发展到现在，对不确定性的研究日益深入，居民消费面临的不确定性包含收入和支出两方面，早期学者主要从收入的角度利用预防性储蓄理论来分析未来收入不确定和收入预期的影响。Hayne Leland（1968）、桑德莫（Sandamo，1970）都做了这方面的研究工作，他们认为，未来收入的不确定会使消费者更加谨慎，消费者会主动降低现期消费水平，同时增加储蓄；Blanchard 和 Fischer（1989）证明不确定性增加了跨期消费的过度敏感性。

随着消费理论研究的深入，对不确定性的讨论逐步过渡到消费支出不确定性层面，近年来，我国学者借鉴西方最新研究成果在这方面做了很多工作，研究发现，在中国转型转轨期间城镇居民消费活动面临的不确定性很高，不确定性效应也相应较大。在不确定性的度量方面，现有研究一般使用收入的方差，例如，万广华（2001）、罗楚亮（2004），或消费支出的方差，例如，汪浩瀚与唐绍祥（2009）、陈冲（2014），来作为不确定性的指标。不确定性对不同收入组居民消费行为的影响程度是有差异的，尹璇（2016）发现，低收入居民的收入不确定性与消费倾向的关联度要低于其他收入组居民。此外，还有学者对比两种不确定性的影响，刘灵芝等（2011）认为，收入不确定性对居民消费的影响更大，而龙志和（2000）、薛贺香（2009）和田青（2011）则认为，消费支出的不确定性影响更大。

3. 消费习惯

消费习惯或习惯形成，是影响居民消费的另外一个重要因素。很早以前，凯恩斯（1936）认为，消费习惯会影响到人们的消费倾向，因为人们通常需要充分的时间来调整已经养成习惯的消费行为；杜森贝里（1949）首次明确将习惯因素纳入消费研究，他认为人们的消费习惯表现为“棘轮效应”和“示范效应”。进一步的研究将消费习惯划分为内部习惯和外部习惯。内部习惯形成的表现类似于谨慎，这种谨慎消费的心理往往会导致储蓄。Alessie 和 Lusardi（1997）与 Guariglia 和 Rossi（2002）都发现，现期消费受以前消费的影响；Dynan（2000）在跨期消费研究中用滞后一期的消费值作为消费习惯的简化指标，研究发现上一期的消费对当期消费有重要影响。

近年来，国内学者也做了许多消费习惯方面的研究。杭斌与申春兰（2008）、杭斌（2009）、雷钦礼（2009）的研究都证明了消费习惯的重要性；闫新华与杭斌（2010）研究发现，中国城镇居民消费习惯的示范效应体现在交通通信、文教娱乐和医疗保健等方面；杭斌（2010）发现，消费习惯强度与城镇居民的消费倾向呈负相关，习惯增强会导致平均消费倾向降低；崔海燕与杭斌（2014）研究了不同收入等级的城镇居民消费习惯，结果表明城镇低收入居民的消费习惯更强。

4. 其他因素

已有研究对经济增长和居民消费的关系也给予非常多的关注，共同的研究结论是经济增长会促进居民消费，且不同经济水平促进程度不同。刘东皇、谢忠秋与李向东（2015）总结了经济增长对居民消费的作用机制；赵昕东与李林（2016）的研究表明，同样的收入水平存在地区不平等，中部地区低收入家庭的消费比率最低；崔海燕（2011）对我国居民消费与经济增长关系的区域差异做了实证分析。此外，居民消费行为还受到人口结构、教育水平、城镇化、产业政策、社会保障、公共支出、消费环境、消费政策等宏观因素的影响。樊纲与王小鲁（2004）将收入之外的影响因素统称为“消费条件”。

四、城镇低收入居民消费力不足的原因研究

研究我国居民消费不足的文献很多，从这些文献来看，可以从以下四个方面来阐释我国城镇低收入居民消费力不足的原因所在。

1. 收入水平、收入增长和收入差距

对于收入相关因素在居民消费不足中的作用，主流研究都认为，收入水平不高、收入增长缓慢、收入分配不公和居民间收入差距过大且还在持续扩大，是我国居民消费长期不足的决定性原因。相关的研究包括 Wilson（1998）、Zeng 与 Hu（2008）、李实与赵人伟（1999）、余永定与李军（2000）、袁志刚与朱国林（2002）、藏旭恒与孙文祥（2003）、藏旭恒与张继海（2005）、杨汝岱与朱诗娥（2007）、杭斌（2008）、朱建平与朱万闯（2012）等。改革开放以来，由于实施“让一部分人先富起来”的“效率优先”发展战略，加上收入分配制度不完善，我国居民之间存在收入差距不断扩大的问题，从而使中低收入者尤其是城镇低收入居民的收入增长缓慢，消费力不强，消费力增长滞后，严重制约了他们的消费需求。

2. 消费文化和消费心理

中国具有源远流长的历史和深厚的传统文化，中国人的文化心理与西方国家人们的心理有很大的不同，在消费喜好和决策心理上有自己的行为特点，例如，中国人普遍谨慎保守、勤劳朴素、喜欢积攒财富、不愿借钱负债、重视教育、家族观念浓厚，等等，这些消费观念和心理习惯上的特点直接造成中国人偏高的储蓄倾向和偏低的消费倾向。陶传平（2001）、藏旭恒与孙文祥（2003）、李宗华（2004）、钟宏（2006）等的研究证实了上述观点。此外，叶德珠、连玉君与黄有光（2012）进行了中国文化与消费关系的研究，发现如果居民受儒家文化影响

越深，则自我控制力越强，消费过程中的自我抑制程度就会越高，消费支出就越低。由于城镇低收入居民主客观条件的限制，在传统文化心理承载方面表现更为突出，相对其他收入组居民来说，他们有更强的抑制需求、谨慎消费的心理动机和内在动力。

3. 社会保障和不确定性风险

完善的社会保障制度有平衡收入和降低不确定性两方面的功能，对低收入居民来说，如果社会保障水平很低的话，就意味着较低的收入水平和较高的不确定性，这两者都会对他们的消费行为产生不利影响。藏旭恒与裴春霞（2004）、马强（2004）、王克稳等（2013）从社保制度建设和福利制度改革角度解释我国居民消费的不足，他们认为，20 世纪 90 年代以后，中国在城镇进行了大刀阔斧的福利制度缩减改革，逐步取消了城镇居民在住房、医疗、教育等方面的福利供应，使城镇居民尤其是低收入居民陷入收入减少或增长缓慢而消费支出却全面大幅提高和快速增加的困境，直接降低了城镇低收入居民的消费能力。同期相应的社会保障制度建设却步履蹒跚，给未来的消费带来了很高的不确定性风险，使城镇低收入居民对未来收入和支出的预期悲观，大大强化了他们的预防性动机，消费活动受到很大的抑制。

4. 其他原因

有的学者从消费升级角度解释居民消费不足，例如，田秋生（2001）、严先溥（2006）认为，我国城镇居民的消费结构陈旧，不符合时代发展的要求，需要大力推进消费升级，形成全新的消费结构。还有学者把居民消费不足归因于中国的信用环境和信贷发展滞后，以及中国政府长期重建设、轻消费的经济发展战略。

五、简短评述

从上述中国城镇低收入居民消费研究的相关文献综述可以看到，居民消费是名副其实的经济学重点研究领域，已有研究从居民消费的现状特征、影响因素、群体行为比较、我国居民消费不足方面，从宏微观角度，展开持续、深入的理论研究和实证分析，取得了一系列新颖而重要的研究成果。

许多学者立足收入分层的视角对不同收入群体的消费行为进行比较研究，得出不同收入群体的消费特征，总结他们面临的消费问题，并据此提出相应对策建议。不同收入群体消费的异质性研究发现，中国城镇低收入居民受收入水平和收入变化的影响最大，受到的流动性约束更大，同时低收入居民消费具有过度的收入敏感性和价格敏感性，他们的预防性动机也有相对更高的强度；中国城镇低收入居民消费受到居民收入、不确定性、消费习惯等因素的重要影响；他们消费力不足主要是由于居民收入水平低、收入增长速度慢、收入差距大所导致的，同时传统的消费文化和消费心理、社会保障的不完善、转型期间很高的不确定性也有很大影响。

一方面，既有研究给本书提供了翔实的研究资料、研究方法和研究思路上的借鉴；另一方面，从这些文献回顾可以看到，有关中国城镇低收入居民消费和消费力的研究相对少见，专门以城镇低收入居民为主体，研究他们居民消费力问题的文献更少，鉴于这方面研究工作的匮乏，同时由于这个主题研究的重要现实意义，本书决定对中国城镇低收入居民消费力展开研究。

第三节　研究思路、内容和方法

一、研究思路

从技术路线（见图 1－2）可以看到，首先，本书分析了中国城镇低收入居民消费力发展的历史和现状，对城镇低收入居民的消费力进行定量测算，分别从定性和定量的角度分析判断了中国城镇低收入居民消费力不足；其次，从收入和支出的视角出发，理论联系实际，通过构建契合中国实际的城镇低收入居民消费行为模型，实证检验主要因素对低收入居民消费力的影响，寻找中国城镇低收入居民消费力不足的原因所在；最后，提出针对性的政策建议。

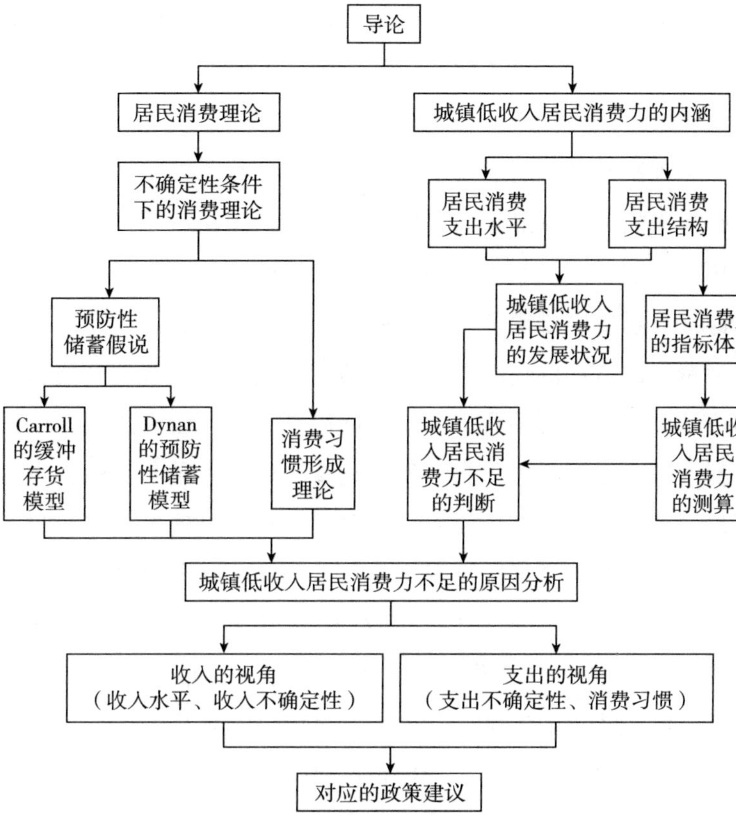

图 1－2 技术路线

二、主要内容

本书共分为七章：第一章和第二章是导论、文献综述以及理论基础和概念界定，是本书研究的基础和铺垫；第三章、第四章分析了中国城镇低收入居民消费力的发展状况，测算了他们的消费力值，这两章分别从定性和定量的角度分析判断中国城镇低收入居民的消费力不足；第五章、第六章分别从收入和支出的视角分析了他们消费力不足的成因；第七章是全文总结和政策建议以及研究展望。本书的具体内容安排如下：

第一章介绍研究的背景、意义和目标，对相关文献进行综述，概述了研究思路、方法与内容框架，以及创新和不足。文献综述发现，有关居民消费的研究很多，为本书提供了很好的基础，但是以中国城镇低收入居民消费力为研究对象的很少，相关研究基本上都是从不同收入层次的居民消费对比角度展开，因此，本书有助于为该领域的研究做出一点贡献。

第二章介绍理论基础，对居民消费力的概念进行了界定和拓展。居民消费力是指消费者有能力购买的商品与服务的数量，将其内涵从原来仅仅关注消费支出水平，明确拓展到消费支出水平和消费支出结构两个层面。

第三章详细分析中国城镇低收入居民消费力发展状况。为介绍城镇低收入居民消费力在消费支出方面的情况，本章从消费支出总水平、消费增长率、八项分类消费支出增长、三种分层消费支出等方面展开分析。研究发现，中国城镇低收入居民的消费情况不乐观，虽然自身发展速度较快，但是与其他收入组居民相比增长相对缓慢，消费质量较差，没有完全分享到经济高速增长的成果。然后，为了分析消费力在消费结构方面的情况，本章分别从八项分类消费、三种分层消费的角度，对中国城镇低收入居民的消费结构进行分析，并且通过 ELES 模型对 2015 年八项分类消费的边际消费倾向、需求的收入弹性、自价格弹性等进行建模和实证估计。结果表明，2000 年以后中国城镇低收入居民的消费结构调整升级步伐放缓，他们的食品边际消费倾向最高，在食、行和住等方面需求较大，而交通通信、文教娱乐支出对收入和价格的变动最敏感。

第四章通过构建中国城镇低收入居民消费力指标体系，应用熵值赋权法确定各指标权重，定量测算各省（市、区）层面和全国层面城镇低收入居民的消费力值。采用这种方法得到的居民消费力的测算值，是涵括了消费支出结构信息的加权消费支出水平，比常用的居民消费支出水平统计数据更能真实地反映出居民对各类商品与服务的消费支出和消费能力。本章还对参与测算的各省（市、区）进行排序，比较分析城镇低收入居民消费力的区域差异，绘制中国城镇低收入居民消费力变化曲线。与其他两个收入组居民消费力计算值进行比较，发现中国城镇低收入居民的消费力明显偏小，他们的消费力大概只有中等收入居民的 1/2 到 2/3、高收入居民的 1/4 到 1/3。综合来看，中国城镇低收入居民面临着消费力不足的困境，而且消费力不足问题还有越来越严重的发展趋势。

第五章从收入的视角分析中国城镇低收入居民消费力不足的原因。分析了收入状况和面临的收入不确定性，如社会转型、失业、收入差距和流动性约束，都给城镇低收入居民带来收入不确定性。借鉴 Carroll 的缓冲存货模型框架，本章构建了一个包含收入水平和收入不确定性的居民消费行为模型，并用各省（市、区）的面板数据实证分析它们对城镇低收入居民消费力的影响。结果表明，收入水平和收入不确定性对中国城镇低收入居民的消费力都有很大的影响；可支配收入的增长会增强他们的消费力；收入的不确定性则作用相反。收入水平低、面临的收入不确定性大，直接导致了中国城镇低收入居民消费力不足。本章最后总结了中国城镇低收入居民消费力不足的收入原因在于，收入水平的支配效应和决定性影响、收入不确定的叠加效应和削弱作用。

第六章从支出的视角分析中国城镇低收入居民消费力不足的原因。改革以后，原有福利保障消失，住房、教育、医疗、养老等开支巨大，而且预期很不稳定，使城镇低收入居民面临较大的消费支出不确定性。受传统习俗和谨慎消费的心理影响，中国城镇低收入居民表现出明显的消费习惯。本章扩展了经典的 Dynan 预防性储蓄模型，构建起包括消费习惯、支出不确定性等因素在内的动态面板数据模型，实证分析了它们对城镇低收入居民消费力的影响。分析结果表明，消费习惯和支出不确定性对中国城镇低收入居民的消费力都有显著影响；消费习惯阻碍了他们消费力随收入增长而增强的趋势，支出不确定性对居民消费力有显著的负作用，综合起来，两者都削弱了中国城镇低收入居民的消费力。本章最后总结了中国城镇低收入居民消费力不足的支出原因在于，支出不确定的风险效应和损害效应、消费习惯的固化效应和阻碍效应。

第七章是主要结论、政策建议和研究展望。本书的结论是对导论中三个问题的详细回答，依据结论提出相应的政策建议，最后对将来进一步的研究做了展望。

三、研究方法

针对本书研究的目标和内容，全书主要采用了以下三种研究方法。

1. 理论分析法

运用西方主流的居民消费理论分析对中国城镇低收入居民消费力有重要作用的因素，主要是借鉴缓冲存货模型和预防性储蓄模型框架，联系消费习惯形成理论，对模型进行扩展，构建更契合中国现实国情的城镇低收入居民消费行为模型。

2. 实证检验法

首先，运用扩展线性支出系统（Extend Linear Expenditure System，ELES）模型对中国城镇低收入居民的消费结构进行了深入的分析；其次，利用熵值赋权法，找到定量测算城镇低收入居民消费力的方法；再次，运用固定效应与随机效应模型，对全国和东中西部地区分组数据分别进行检验，研究可支配收入和收入不确定性因素对城镇低收入居民消费力的影响，从收入的视角寻找中国城镇低收入居民消费力不足的原因；最后，运用两步系统广义矩估计（Generalized Method of Moments，GMM）方法，估算支出不确定性和消费习惯因素对城镇低收入居民消费力的影响，从支出的视角寻找他们消费力不足的原因。

3. 统计分析法

运用全国和各省（市、区）统计年鉴中相关城镇住户调查数据，分析中国城镇低收入居民消费力的发展状况，从它的两个组成部分（水平和结构）包括消费总支出、八项分类消费支出（消费结构）、按需求层次分层的三种消费支出等方面分别做了统计分析。

此外，本书还多处运用对比分析法，在多个指标、多个对象之间进行差异比较分析，归纳总结中国城镇低收入居民消费的特点。为了分析经济增长水平对城镇低收入居民消费的影响差异，按东中西三大地区（反映不同经济发展水平）划分法将地区数据分组，同时分析这三个地区城镇低收入居民消费行为的特点，通过比较归纳出在不同经济发展水平地区当中各因素影响的差异。另外，本书还以图表结合的方式多处形象描述城镇低收入居民消费相关指标增长率的变化。

第四节　可能的创新和不足

一、可能的创新

（1）以中国城镇低收入居民消费力为对象的研究成果很少见，尽管有很大难度，但仍然尝试着进行这方面的工作，试图为该领域的研究做出一点贡献。

（2）与以往居民消费不足的文献多数都是定性分析不同，本书拓展了城镇低收入居民消费力的内涵，建立了居民消费力的指标体系，找到熵值赋权法测算中国城镇低收入居民的消费力，对他们消费力不足的表现进行计量研究。

（3）从收入（收入水平、收入不确定性）和支出（消费习惯、消费不确定性）两个视角出发，构建符合中国实际的消费模型，利用面板数据实证分析主要因素对中国城镇低收入居民消费力的影响，从中寻找他们消费力不足的原因。

二、存在的不足

本书存在一些不足，其中，数据问题是最大的不足，所利用的数据都是宏观层面的，来源为历年全国和各省统计年鉴。对中国城镇低收入居民消费力的研究，如果能够从家庭和个体层面获取到微观数据进行研究，就能得出更详细、更准确的结论。由于使用了统计年鉴中一些年份跨度较大的时间序列数据，涉及统计口径和统计内容、统计对象的调整，影响数据的一致性，从而可能会削弱本书实证结论的精确度。将来下一步研究的方向就是采集微观层面家庭和个人的消费行为数据进行更细致的分析论证。

第二章　理论基础和概念界定

第一节　居民消费理论

在西方经济学中，消费理论是研究居民消费行为影响因素的理论，也叫消费函数理论。早期的消费理论只关注消费和收入的关系，后期随着研究的深入，其他一些因素如不确定性、消费习惯、利率等也被逐步纳入消费函数当中。西方消费理论经历了长期的演化和发展，概括来说经历了两个阶段。

第一个阶段，是确定性条件下的消费理论，包括即期静态消费理论和跨期动态消费理论。前者主要从短期研究消费与收入的关系，包括绝对收入假说和相对收入假说；后者主要从长期（跨期）研究消费与收入的关系，包括生命周期假说和持久收入假说。

第二个阶段，是不确定条件下的消费理论，包括生命周期假说、随机游走假说、流动性约束假说、预防性储蓄假说等。在这个阶段，除了收入之外，其他因素如不确定性也作为解释变量进入消费函数，约束条件也从简单的预算约束变成可跨期的流动性约束。

一、确定性条件下的消费理论

1. 确定性条件下的静态即期消费理论

（1）绝对收入假说。绝对收入假说（Absolute Income Hypothesis，AIH）是由凯恩斯（Keneys，1936）在《就业、利息和货币通论》中率先提出来的，该假说认为，消费是收入的递增函数，并且边际消费倾向递减。绝对收入假说可以用如下函数表示：

$$C = f(Y) \tag{2-1}$$

其中，C 表示消费，Y 表示收入，f 表示 C 和 Y 的函数关系。或者，

$$C = a + bY \tag{2-2}$$

其中，a 和 b 表示参数，a 表示常数且 $a>0$，表示自发消费或基本消费；b 表示边际消费倾向，$0 \leqslant b \leqslant 1$，且随 Y 的增加 b 是递减的；bY 表示与收入相关的消费，是引致消费。

在绝对收入假说之前，消费理论主要关注微观价格的影响，凯恩斯首次从宏观角度将消费与收入联系起来，为后续消费理论的研究指明了方向。不过绝对收入假说是关于短期消费的理论，没有得到长期实际情况的支持。

（2）相对收入假说。从长期来看，居民平均消费倾向和储蓄率都表现稳定，边际消费倾向等于平均消费倾向，这种长短期差异被称为“消费函数之谜”或“库兹涅茨之谜”。为解释这个谜团，莫迪利安尼（Modigliani）和杜森贝利（Duesenberry）在1949年同时提出相对收入假说（Relative Income Hypothesis，RIH）。杜森贝利认为，消费并不仅由当期收入决定，还要考虑相对收入，尤其是要考虑历史最高收入的影响；他首次将习惯因素引入消费函数，借用“消费习惯”概念解释消费行为的“黏性”，对消费的“示范效应”和“棘轮效应”做了阐述。莫迪利安尼也论证了消费的“黏性”，提出消费并不会随收入变动而立刻发生变化。

相对收入假说的函数为：

$$C = a + bY + c\overline{Y} \tag{2-3}$$

其中，Y 表示当期收入；$\overline{Y}$表示相对收入，一般用历史最高收入表示；a 表示基本消费；b、c 分别表示对应收入的边际消费倾向。

相对收入假说引入消费习惯和相对收入等因素，认为消费行为具有攀比性和不可逆性，对绝对收入假说做了很大的补充，为习惯进入消费函数奠定了理论基础。

2. 确定性条件下的动态跨期消费理论

20世纪50年代以后，效用理论和跨期最优化研究成为热点，消费理论的研究也由静态即期向动态跨期发展，产生了生命周期假说、持久收入假说等具有很大影响力的理论，它们都以长期平均消费倾向不变为前提，研究确定性条件下消费者是如何追求终生（跨期）消费效用最大化的。

（1）生命周期假说。莫迪利安尼（Modigliani）、布伦贝格（Brumberg）和安东（Alberto Ando）在1954年提出生命周期假说（Life Cycle Hypothesis，LCH），他们认为消费者是理性人，会根据一生的预期收入和财富来决定生命各个阶段的消费行为，追求生命周期内综合效用的最大化，所以在人生的少年、壮年和老年这三个阶段，消费倾向差别极大，对应的储蓄—消费水平也不一样。

生命周期假说的收入—消费方程为：

$$C_t = aW_t + bI_t \qquad (2-4)$$

其中，C_t 表示 t 期的消费支出；W_t 表示 t 期内消费者持有的财富；a 表示财富的边际消费倾向；I_t 表示 t 期收入，b 表示收入的边际消费倾向。

可以看到，生命周期假说将影响消费者决策的收入范围扩展到整个人生所能够拥有的财富水平和总资产上，从而将财富变量纳入消费函数当中，更接近现实生活。不过它在实证中的效果不令人满意，仅比较适合于横截面数据分析。

（2）持久收入假说。弗里德曼（Friedman）在1957年提出持久收入假说（Permanent Income Hypothesis，PIH），认为人们的收入由持久收入（Permanent Income）和暂时收入（Transitory Income）组成，即 $Y_t = Y_t^P + Y_t^T$。持久收入是总收入中相当稳定的那部分收入，一般包括劳动收入和财产性收入；暂时收入是偶然性的、不稳定的收入。弗里德曼认为，人们的消费是由持久收入决定的，如果暂时收入不会改变持久收入，那暂时收入就不会影响消费。持久消费与持久收入之间存在稳定的函数关系：

$$C_t^P = f(r, W) Y_t^p \qquad (2-5)$$

其中，r、W 分别表示利率、财富。

持久收入假说与生命周期假说的不同之处在于，持久收入假说不考虑生命的有限性，建立的是消费者的无限期模型，而生命周期假说考虑消费者有限的寿命，建立的是世代交叠模型。从本质上来讲，两者基本上是一致的，都是将消费的即期决策推广到跨期决策，当前收入、未来收入、资产财富等都是消费的影响因素，因此，这两个假说也常常被合称为 LC－PH 模型。

二、不确定性条件下的消费理论

确定性条件下的几大假说在历史上产生过很大影响，但是它们在模型上模拟的效果并不理想，在预测估算上与实际存在较大偏差，说明这些假说还存在一些它们没有考虑到或被忽略掉的因素。

1976 年，卢卡斯（Lucas）提出著名的“卢卡斯批判”（Lucas Critique），不确定性和理性预期开始被纳入居民消费的研究框架中来，西方消费理论研究迎来一个高速发展的阶段，涌现诸如随机游走假说、流动性约束假说、预防性储蓄假说和缓冲存货模型等一大批新理论。

1. 随机游走假说

霍尔（Hall，1978）最早将不确定性与理性预期引入消费函数，提出随机游走假说（Random Walking Hypothesis，RWH），正式开启了不确定性条件下消费理论研究的序幕。霍尔的结论是，根据理性预期，追求效用最优化并遵从永久收入假说的消费行为是一个随机游走的过程，因为拥有理性预期，除了上期消费以外，任何变量对当期消费都没有影响，只有无法预测的政策变化等随机变量才会影响到消费。随机游走假说是持久收入假说在理性预期下的发展，它的函数式可以简单表述为：

$$C_t = \lambda C_{t-1} + \varepsilon_t \tag{2-6}$$

其中，C_t 表示指 t 期消费，ε_t 表示不可理性预期的随机变量。式（2－6）表明居民消费是一个 AR（1）的过程，消费行为是随机游走的，连收入都不能影响到消费，所以不能根据收入的变化来预测消费，这是随机游走假说的核心结论。

2. 流动性约束假说

大量实证研究证明，人们的实际消费行为并不像随机游走假说所说的那样与收入无关，而是常常表现出收入的过度敏感性，对这个矛盾事实的解释产生了流动性约束假说（Liquidity Constraint Hypothesis，LCH）。所谓流动性约束，是指消费者不能通过借贷缓解收入的约束从而平滑其消费行为的现象。

托宾（Tobin，1971）、弗莱明（Flemming，1973）、Zeldes（1989）、Japelli（1990）和 Gracia（1997）先后分析了流动性约束对消费的重要影响，对该假说的发展做出了贡献。他们的主要结论是，当前的流动性约束会抑制当前消费；预期的流动性约束也会通过理性预期抑制当前消费；相比收入预期上升，消费者更讨厌预期收入下降，表现“损失厌恶情绪”；流动性约束一旦发生，会影响以后的各期消费。而消费者的收入偏低、持有的资产财富偏少、信用偏低、信贷制度不健全、金融市场不发达和贷款利率过高，都是造成消费者遭遇流动性约束的原因。根据流动性约束假说，低收入与流动性约束结合会产生短视的消费行为（Shea，1995），因为低收入居民缺少储蓄积累，他们的消费变动会紧随收入变动。

3. 预防性储蓄假说

随着消费理论对不确定性研究的深入，产生了预防性储蓄假说（Precautionary Saving Hypothesis，PSH），该理论在不确定性的来源与度量方面，做了大量广泛而深入的工作。与随机游走假说相区别的是，它认为，不确定性越大，消费者行为就越不可能随机游走；消费具有收入敏感性，消费和收入正相关；消费者会进行预防性储蓄以应对不确定性风险。由于对不确定性的来源与测算不同学者之间存在较大分歧，由此产生不同的预防性储蓄理论。下面简述两个影响较大而又与本书密切相关的预防性储蓄假说模型，这些模型的分析思路和框架为本书后面章节的实证部分提供了启迪和参考。

（1）Dynan 的预防性储蓄模型。Dynan（1993）认为，只有随机的、不能预期到的收入波动才是不确定性的表现，所以他在模型中并不使用收入方面的变量来衡量不确定性，而是用消费支出的方差作为不确定性的衡量指标，假定消费者效用函数满足 $U'>0$，$U''<0$，$U'''>0$，折现率为 δ，C_t、W_t、r_t、I_t 分别为 t 期的消费、财富、利率和收入，且 I_t 是随机变量，则有：

$$U = \max_{C_t} E\left[\sum_{t=0}^{T}\left(\frac{1}{1+\delta}\right)^t U(C_t)\right]$$

$$\text{s.t.} \quad W_{t+1} = (1+r)W_t + I_t - C_t$$

其中，E 表示条件期望，$t=1$，2，…，T。求解该消费最优化问题的欧拉方程，可得到：$U'(C_t) = \frac{1+r}{1+\delta}E[U'(C_{t+1})]$，该方程表示最优选择是使每期消费的边际效用贴现值相等。对 $U'(C_t)$ 进行二阶泰勒展开，可得：

$$E_t\left(\frac{C_{t+1}-C_t}{C_t}\right)=\frac{1}{\zeta}\cdot\frac{r_t-\delta}{1+r_t}+\frac{\rho}{2}E\left[\left(\frac{C_{t+1}-C_t}{C_t}\right)^2\right]$$

经过扩展可得：

$$\frac{1}{n}\sum_{t=1}^{n}GC_{it}+\mu_i=\frac{1}{\zeta}\cdot\frac{r_t-\delta}{1+r_t}+\frac{\rho}{2}\cdot\frac{1}{n}\sum_{t=1}^{n}GC_{it}^2+v_i+\eta_i$$

其中，n 表示时期数，GC_{it}表示消费者 i 在 t 期的消费增长率，μ_i 和 v_i 表示误差项，η_i 表示边际效用波动，ρ 表示预防性储蓄动机强度系数。设 $avg\ (GC)^2$ 为未来消费支出增长率，则有：

$$avg(GC)^2=\frac{1}{\zeta}\cdot\frac{r_t-\delta}{1+r_t}+\frac{\rho}{2}avg(GC)^2+\varepsilon_i \tag{2-7}$$

式（2－7）就是 Dynan 的预防性储蓄模型，误差项 ε_i 和 $avg(GC)^2$ 相关。

（2）Carroll 的缓冲存货模型。Carroll（1992）综合考虑了流动性约束与预防性储蓄，之后又验证了流动性约束与消费者最优路径无关（Carroll，2001），也就是说即使没有流动性约束，居民也不会借贷，从而给出了他的缓冲存货模型（Buffer－Stock Model）：

$$U=\max E\left[\sum_{t=0}^{T}\beta_t u(C_t)\right] \tag{2-8}$$

其中，U 表示效用函数，采用常相对风险厌恶效用函数（Constant Relalive Risk Aversion，CRRA），即：$U(C_t)=C_t^{1-\rho}/(1-\rho)$，$\rho>0$ 表示相对风险厌恶系数。β 表示时间贴现因子，$\beta=1/(1+\delta)$，其中，δ 表示时间偏好率。方程约束条件为：

$$W_{t+1}=(1+r)(W_t+I_t-C_t)$$

$$I_{t+1}=I_{t+1}^pV_{t+1}$$

$$I_{t+1}^p=G_tI_t^pN_{t+1}$$

其中，r 表示利率；$G_t=1+g_t$ 表示收入增长，g_t 表示收入增长率；W_t、I_t 和 I_t^p 分别表示财富、总收入和持久收入；V_{t+1}、N_{t+1}分别表示相应冲击系数。

缓冲存货模型关注消费者的不耐心和谨慎两种倾向：当消费者的财富达到他的目标值时，消费者就表现出不耐心，倾向于多消费；当财富不够多时，谨慎消费倾向就表现突出，消费者更愿意去储蓄以增加财富。这两种倾向结合目标财富，就使消费者的消费—储蓄行为表现出缓冲存货的特点。

4. 消费习惯形成理论

消费习惯形成理论（Habit Formation Theory in Consumption，HFTC）是关于消费的一种特殊效用理论，它认为消费者的效用和当期消费以及过去消费，也就是消费的习惯存量都有关系。

消费习惯理论经过了一段发展历程，早在1936年凯恩斯就谈及习惯调整对消费的滞后作用；Duesenberry在1949年正式将习惯变量引入消费函数；从20世纪80年代，习惯形成理论开始受到重视；到20世纪90年代，习惯形成被引入到预防性储蓄假说中，大大推动了该理论模型的发展。

消费习惯形成效用函数推导过程如下：假定过去的消费会形成习惯存量 $h_{i,t}$，则有：

$$h_{i,t} = (1-\theta)h_{i,t-1} + C_{i,t-1} \qquad (2-9)$$

其中，$C_{i,t-1}$表示前一期消费，θ 表示折旧率，通常假定 $\theta = 1$，则有 $h_{i,t} = C_{i,t-1}$，也就是说，习惯存量可用前一期的消费支出来代表，这样就有：

$$\overline{C}_{i,t} = C_{i,t} - \alpha h_{i,t} = C_{i,t} - \alpha C_{i,t-1} \quad (0 \leqslant \alpha \leqslant 1) \qquad (2-10)$$

式（2－10）表示，当期有效消费 $\overline{C}_{i,t}$等于当期实际消费 $C_{i,t}$与消费习惯（用上一期消费 $C_{i,t-1}$代表）影响的差，α 表示习惯影响系数，也称消费习惯强度。

第二节　城镇低收入居民的划分

中国城镇低收入居民，在我国是指城镇居民中特定的一部分人群，这部分群体由于收入能力弱、收入水平低而在社会财富分配与占有中处于弱势地位。一般来说，对城镇低收入居民的划分主要基于收入，大部分研究者以某一种收入水平界限来进行划分：①绝对值法，将居民人均收入的1/2或1/3定为低收入线；②比例法，将住户按人均收入高低排序，将处于最低层次的20%人口定义为低收入居民；③贫困线拓展法，借用当时的贫困线按一定比例扩大来划分；④最低工资标准法。

本书根据后文研究所用到的数据的权威性和易得性，综合权衡各种方法的优缺点，决定采用比例法来划定中国城镇低收入居民，即将城镇人口中人均可支配收入最低、占城镇总人口 20% 比例的那部分居民，框定为城镇低收入居民，作为本书研究对象的主体。这样的划分方法与《中国统计年鉴》和各省（市、区）统计年鉴中“城镇居民按收入七等份分组”（即所谓的“七分法”，还有“五分法”，即五等份分组）的划分方法是一致的，这样我们就可以直接采用各统计年鉴中的相关数据来展开分析研究。

例如，《中国统计年鉴》采用“七分法”将城镇居民家庭住户调查数据按人均收入由低到高排序，按照 10%、10%、20%、20%、20%、10%、10% 的人口比例，将城镇住户分为最低、较低、中等偏下、中等、中等偏上、较高和最高收入户 7 个分组。根据七分法的数据，本书重新合并成三个分组，分别是城镇低收入居民（占城镇人口总数 20%），由最低收入户（占城镇人口 10%，其中，又嵌套包含占城镇人口总数 5% 的困难户）和较低收入户（占城镇人口总数 10%）合并得到；城镇中等收入居民（占城镇人口总数的 60%），由中等偏下、中等、中等偏上三个家庭户合并而来；城镇高收入居民（占城镇人口总数的 20%），由较高收入户和最高收入户合并。本书中的高中低三个收入分组的城镇居民相关数据都是按这种方法合并计算来的。

第三节 城镇低收入居民消费力的概念

一、居民消费力的概念

在第一章的文献综述中，我们已经发现，“消费力”的概念最先是马克思开始使用的，然后西方主流经济学家和我国学者也都展开了对消费力的研究。从以往文献来看，对消费力概念的认识是一致的，只不过是在运用这个概念研究问题时的侧重点和目标有所区别。综合来说，消费力是指消费者能够购买的消费品或服务的数量，是一种购买能力。消费力可分为有支付能力（或潜在）的消费力和实际消费力，实际消费力表现为实际的消费支出水平。

对于中国城镇低收入居民来说，收入低是其最大的特征，在收入和消费的数量关系中，“入不敷出”是他们面临的最大困境，城镇低收入居民的实际消费往往不能充分满足其需求，他们实际需求不足最大的原因在于支付能力不足，他们有支付能力的消费力基本上已经完全使用出来，因此，对于城镇低收入居民来说，他们的实际消费力基本上等于有支付能力的消费力或潜在消费力。出于这个原因，本书对中国城镇低收入居民消费力进行分析时，不区分消费力的类型，统一用实际消费力来表示。

二、城镇低收入居民消费力内涵的拓展

从消费力的定义来看，现有研究都认为，消费力表现为消费者有能力购买的商品或服务的数量，而对居民消费的研究，文献大多都是从消费支出水平和消费支出结构两方面展开分析。延续这个研究思路，本书将“居民消费力”的内涵拓展开来，认为城镇低收入居民消费力既然反映的是他们实际消费的能力，体现在对商品和服务的购买与支出能力上面，那么就可以也应该同时反映总量支出和分量支出两个方面，后者涉及各分量支出的数量比例关系，也就是消费结构，所以，只有从总量和结构两个方面综合考虑，才是对城镇低收入居民消费力的一种完整观察和研究。这样就将城镇低收入居民消费力的内涵，从原来仅仅关注消费支出水平这个层面，到明确拓展消费水平和消费结构两个层面。

因此，本书对中国城镇低收入居民消费力的分析，将从消费支出和消费结构两方面展开。同时与现有文献仅限于定性分析不同，本书第四章将对中国城镇低收入居民消费力的研究定量化，综合总量和结构两方面的情况，构建一个合理的居民消费力指标体系，对他们的消费力进行定量测算，并对各地区城镇低收入居民消费力的计算值进行比较分析。

第四节　本章小结

本章回顾了西方消费理论的发展历程，重点介绍了不确定性条件下的消费理

论，尤其是经典的预防性储蓄假说。本书着眼于中国城镇低收入居民，根据宏观统计数据对城镇低收入居民消费力展开分析研究，主要借鉴最新发展起来的预防性储蓄理论模型，它们和流动性约束假说、消费习惯形成理论等一起成为本书研究的基础指导理论。

本章对研究主体——“中国城镇低收入居民”进行了群体的范围界定，在统计上明确了统计对象和划分标准。本书采用比例法来划定中国城镇低收入居民，即将我国城镇人口中人均可支配收入最低、占城镇总人口 20% 比例的那部分居民认定为城镇低收入居民。这种划定方法是与《中国统计年鉴》和各省（市、区）统计年鉴里将城镇居民按收入七等份（或五等份）分组的方法是一致的，方便获取数据。

本章对“消费力”的概念进行了陈述，在马克思和西方消费经济学已有研究的基础上，对中国城镇低收入居民消费力的内涵进行了拓展。本书认为，消费力是度量城镇低收入居民消费能力的变量，表现在他们实际能够购买的商品与服务的数量上面，应该同时反映城镇低收入居民消费支出的总量水平和分类消费支出的数量关系，即还要反映他们消费的结构。这样本书就将中国城镇低收入居民消费力的概念内涵从原来仅仅关注消费支出水平，明确拓展到消费支出水平和消费支出结构两个方面。

第三章　城镇低收入居民消费力的历史和现状分析

根据第二章第三节对消费力内涵的拓展，中国城镇低收入居民的消费力体现在消费支出水平和消费支出结构上，本章从这两个方面分别考察他们消费力发展的情况。

第一节　城镇低收入居民消费水平分析

一、数据来源和处理说明

因为所使用到的数据量比较大，在这里先详细说明下文相关内容的数据来源和处理方法。本书利用的数据源自《中国统计年鉴》和各省（市、区）统计年鉴中城镇家庭的抽样调查数据①。在第二章第二节中已经说明，本书综合考虑后采用的是按照收入排序的人口比例法来划定中国城镇低收入居民，和统计年鉴的划分方法一致，可以直接使用年鉴中的相应数据，从而保证了数据来源的权威性

① 统计年鉴中城镇住户抽样数据来源、对象和调查方法说明：国家统计局城市司在2013年前每年都要开展城镇住户调查，内容主要包括家庭现金收支、家庭人口构成、主要商品购买的数量和支出金额、各类消费品拥有数量等；调查的对象随时间有所变化，2001年前针对非农住户调查，2002～2012年改为城镇市区和县城关镇区住户（城关镇是我国县政府所在地的通称）调查；通常采用分层随机抽样的方法确定参与调查的住户样本，每年轮换其中的1/3，截至2012年底，样本量为6.6万户。

和可靠性。

另外，根据《中国统计年鉴》的说明，2012 年及之前的年份，我国一直分城乡分别开展对住户的调查，但是从 2013 年起，国家统计局开始实施统一的一体化城乡住户调查，因此，《中国统计年鉴》不再有 2012 年以后“按收入等级分城镇居民家庭消费支出”的统计，这样在进行全国整体分析时（不是将各地区数据简单汇总成全国数据，而是直接利用全国的统计数据），由于统计年鉴的数据限制，本书的分析范围只能是 1985～2012 年①。

由于年鉴中采集到的数据是名义值，而不同年份、不同地区的价格指数各不相同，本书在分析全国整体的情况时，一般先以 1978 年为基期，将名义量（原始数据）以对应的城镇居民消费价格指数（1978 = 100）换算成实际量，以消除价格的影响。下文如果涉及相关数据名义值到实际值的转换，如无特殊说明，都是经过类似处理的。

二、消费总支出水平

将中国城镇低收入居民消费的分组数据经过组合整理，重新计算后，得到表 3－1，并利用 Excel 做出相应的示意图，列举在下面。

表 3－1　城镇居民人均每年现金消费支出变化

年份	消费支出（元）					消费支出增长率（%）				
	全国	低收入户	最低收入户	困难户	较低收入户	全国	低收入户	最低收入户	困难户	较低收入户
1985	545.63	375.16	339.52	311.45	410.79	—	—	—	—	—
1986	556.38	363.43	327.16	306.60	399.69	1.97	－3.13	－3.64	－1.56	－2.70
1987	566.20	386.35	351.32	329.50	421.38	1.76	6.31	7.38	7.47	5.43
1988	585.67	389.96	348.70	323.63	431.23	3.44	0.93	－0.75	－1.78	2.34
1989	552.44	374.05	333.51	308.47	414.59	－5.67	－4.08	－4.36	－4.68	－3.86
1990	576.08	392.57	352.38	326.49	432.76	4.28	4.95	5.66	5.84	4.38
1991	623.15	440.18	402.07	377.10	478.29	8.17	12.13	14.10	15.50	10.52

① 不过，大多数地区年鉴 2012 年以后相关数据依然可查，所以下文在做地区情况分析时，数据利用到本书写作时的 2015 年。

续表

年份	消费支出（元）					消费支出增长率（%）				
	全国	低收入户	最低收入户	困难户	较低收入户	全国	低收入户	最低收入户	困难户	较低收入户
1992	659.83	454.22	414.76	384.37	493.69	5.89	3.19	3.16	1.93	3.22
1993	717.47	474.17	428.74	402.16	519.61	8.74	4.39	3.37	4.63	5.25
1994	775.24	499.37	447.13	411.28	551.60	8.05	5.31	4.29	2.27	6.16
1995	823.46	532.73	479.74	443.30	585.71	6.22	6.68	7.29	7.78	6.18
1996	838.57	546.43	497.92	465.45	594.94	1.84	2.57	3.79	5.00	1.58
1997	868.57	542.48	484.13	445.74	600.83	3.58	-0.72	-2.77	-4.24	0.99
1998	904.30	561.26	500.54	462.31	621.98	4.11	3.46	3.39	3.72	3.52
1999	976.29	598.61	533.65	492.29	663.57	7.96	6.65	6.61	6.48	6.69
2000	1048.68	610.06	532.97	486.86	687.14	7.41	1.91	-0.13	-1.10	3.55
2001	1106.27	640.06	560.74	510.71	719.37	5.49	4.92	5.21	4.90	4.69
2002	1269.18	594.35	502.61	437.70	686.09	14.73	-7.14	-10.37	-14.30	-4.63
2003	1358.14	637.43	534.49	466.68	740.36	7.01	7.25	6.34	6.62	7.91
2004	1450.34	686.33	576.57	492.96	796.09	6.79	7.67	7.87	5.63	7.53
2005	1578.79	736.12	618.46	528.01	853.78	8.86	7.25	7.27	7.11	7.25
2006	1703.20	801.85	670.38	578.39	933.32	7.88	8.93	8.40	9.54	9.32
2007	1873.59	906.15	756.43	646.12	1055.88	10.00	13.01	12.84	11.71	13.13
2008	1995.18	951.93	804.42	685.49	1099.44	6.49	5.05	6.34	6.09	4.13
2009	2196.37	1042.59	877.61	762.32	1207.57	10.08	9.52	9.10	11.21	9.84
2010	2337.58	1113.31	949.48	818.21	1277.14	6.43	6.78	8.19	7.33	5.76
2011	2498.50	1231.14	1059.96	918.85	1402.33	6.88	10.58	11.64	12.30	9.80
2012	2675.60	1356.85	1171.59	1021.63	1542.11	7.09	10.21	10.53	11.19	9.97
2012/1985	4.90	3.62	3.45	3.28	3.75	—	—	—	—	—

注：①根据《中国统计年鉴》的说明，从2002年起，城市住户调查对象有所变动，从原来的非农业人口改为城市市区和县城关镇区人口（城关镇，中国县政府所在地通称）。由于2002年起相关资料按新口径计算，故2002年与前一年的数据不具可比性，该年增长率不做分析。下文遇到这个情况也是这样处理。②不变价格（实际价格）的整理全部以城镇居民消费价格指数（1978=100）进行平减。③城镇低收入居民数据由最低收入户（占城镇人口10%，其中又内嵌占城镇人口总数5%的困难户）和较低收入户（占城镇人口总数10%）两个分组数据合并计算而来。详细说明请见正文第二章第二节。④“—”表示没有相关数据。⑤本表最后一行统计的是首尾两个年度数据的倍率。⑥以下图、表相关说明相同。

1. 消费支出额

表 3 – 1 列举了人均每年消费支出中全国城镇居民平均支出额和城镇低收入居民的支出额。从全国平均来看，1985 ~ 2012 年全国城镇居民人均消费支出实际额从 545. 63 元增长到 2675. 60 元，增长了 4. 90 倍；同期，城镇低收入居民人均消费支出从 375. 16 元增长到 1356. 85 元，增长了 3. 62 倍，其中，困难户、最低收入户和较低收入户分别增长了 3. 45 倍、3. 28 倍和 3. 75 倍。

图 3 – 1 用曲线形象地比较了历年来全国城镇居民和城镇低收入居民人均每年消费支出额。从图 3 – 1 可以看到，我国城镇低收入居民每人每年现金消费支出额持续增长，但是相对而言增长速度慢于全国城镇居民的消费增速，支出金额绝对值的差距近年来越拉越大。

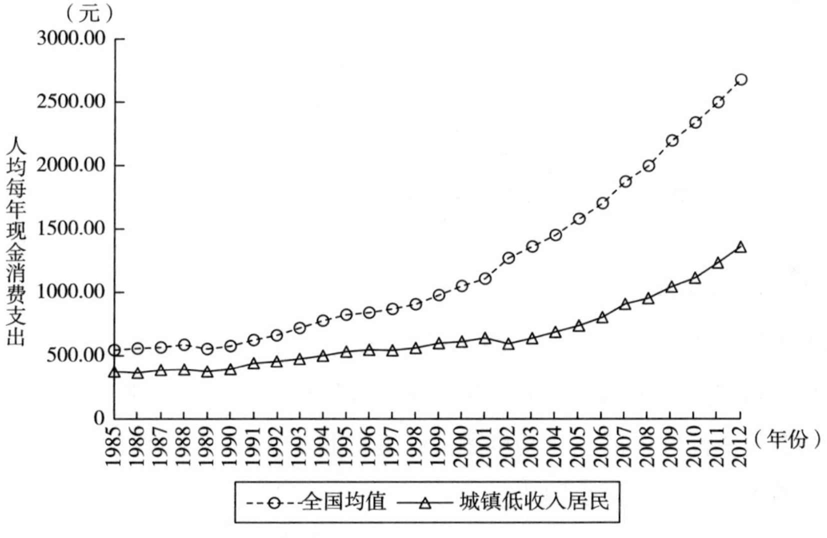

图 3 – 1　城镇居民人均每年现金消费支出曲线

注：相关图的说明同表 3 – 1。下同。

2. 消费支出增长率

从图 3 – 2 来看，我国城镇低收入居民消费支出增长率多数年份都低于全国城镇平均值，增速偏低，导致实际增长值与全国的差距越来越大。尤其是在 2000 年之前，低收入居民消费支出的增速明显偏低。不过可喜的是，2000 年以后这种增速上的差距有缩小趋势，这种变化趋势说明，城镇低收入居民消费支出正在进入一个相对快速增长的时期。

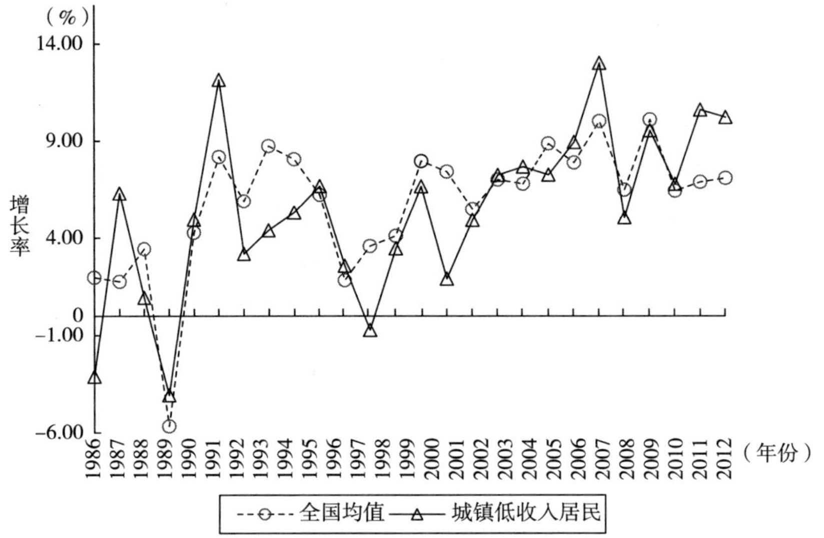

图 3－2　城镇居民人均每年现金消费支出增长率曲线

3. 与其他指标的比较

（1）与可支配收入的对比。图 3－3 对比分析了中国城镇低收入居民消费支出增长率与可支配收入增长率的变化。从曲线比较来看，城镇低收入居民消费支出变化与其可支配收入的变化高度相关，基本同步变动，这说明可支配收入变化是他们消费波动的重要影响因素。

（2）低收入居民内部分组比较。图 3－4 利用统计年鉴中对城镇低收入居民内部细分组的数据（见表 3－2），比较了低收入居民内部各组的消费支出增长率曲线。从增长率曲线波动的步伐来看，中国城镇低收入居民内部三个分组的消费支出增长率变化高度一致；从波动的幅度来看，占人口 5% 比例的收入最低的困难户消费支出增长率出现在波峰和谷底的次数最多，占人口 10% 的最低收入户次之，说明收入越低，消费支出增长越不稳定，越容易受到诸如收入变化等因素的影响，消费支出的敏感性越高。

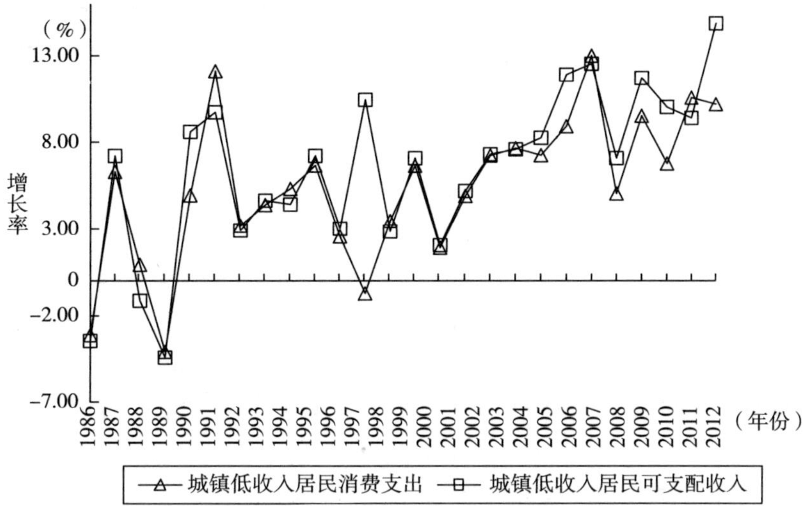

图3-3　城镇低收入居民消费支出与可支配收入增长率曲线

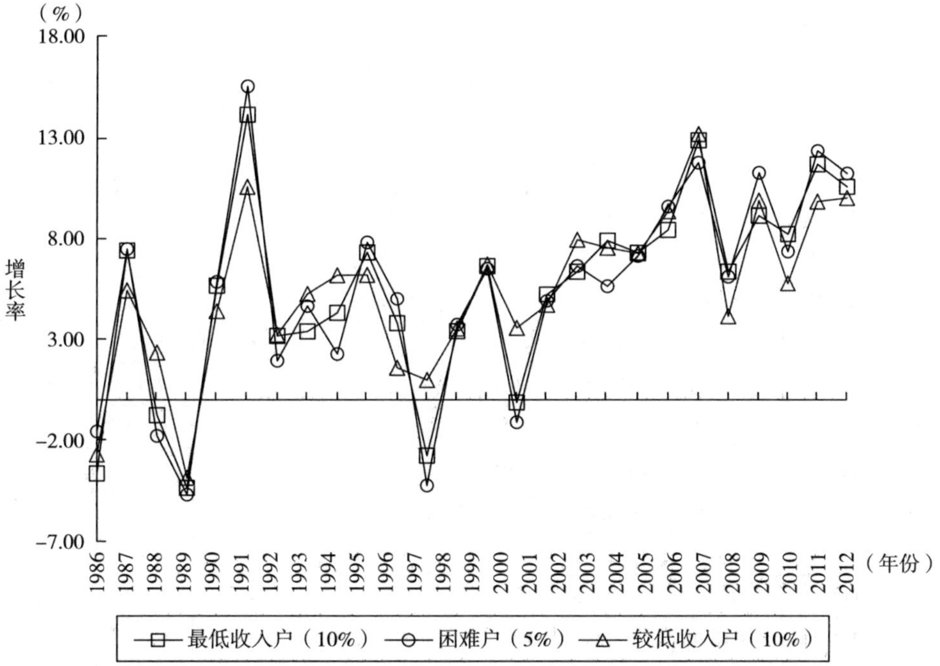

图3-4　城镇低收入居民内部分组人均每年现金消费支出增长率曲线

注：图例中的百分比指相应收入分组人口占城镇总人口的比例，具体说明请见本书正文第二章第二节，或者表3-1的注。其中占城镇人口总数5%的困难户是内嵌包含在占比10%的较低收入户中的。下同。

表3-2　以不变价格计算的城镇低收入居民人均每年现金消费支出

年份	消费支出（元）				消费支出增长率（%）			
	低收入户	最低收入户	困难户	较低收入户	低收入户	最低收入户	困难户	较低收入户
1985	375.16	339.52	311.45	410.79	—	—	—	—
1986	363.43	327.16	306.60	399.69	-3.13	-3.64	-1.56	-2.70
1987	386.35	351.32	329.50	421.38	6.31	7.38	7.47	5.43
1988	389.96	348.70	323.63	431.23	0.93	-0.75	-1.78	2.34
1989	374.05	333.51	308.47	414.59	-4.08	-4.36	-4.68	-3.86
1990	392.57	352.38	326.49	432.76	4.95	5.66	5.84	4.38
1991	440.18	402.07	377.10	478.29	12.13	14.10	15.50	10.52
1992	454.22	414.76	384.37	493.69	3.19	3.16	1.93	3.22
1993	474.17	428.74	402.16	519.61	4.39	3.37	4.63	5.25
1994	499.37	447.13	411.28	551.60	5.31	4.29	2.27	6.16
1995	532.73	479.74	443.30	585.71	6.68	7.29	7.78	6.18
1996	546.43	497.92	465.45	594.94	2.57	3.79	5.00	1.58
1997	542.48	484.13	445.74	600.83	-0.72	-2.77	-4.24	0.99
1998	561.26	500.54	462.31	621.98	3.46	3.39	3.72	3.52
1999	598.61	533.65	492.29	663.57	6.65	6.61	6.48	6.69
2000	610.06	532.97	486.86	687.14	1.91	-0.13	-1.10	3.55
2001	640.06	560.74	510.71	719.37	4.92	5.21	4.90	4.69
2002	594.35	502.61	437.70	686.09	-7.14	-10.37	-14.30	-4.63
2003	637.43	534.49	466.68	740.36	7.25	6.34	6.62	7.91
2004	686.33	576.57	492.96	796.09	7.67	7.87	5.63	7.53
2005	736.12	618.46	528.01	853.78	7.25	7.27	7.11	7.25
2006	801.85	670.38	578.39	933.32	8.93	8.40	9.54	9.32
2007	906.15	756.43	646.12	1055.88	13.01	12.84	11.71	13.13
2008	951.93	804.42	685.49	1099.44	5.05	6.34	6.09	4.13
2009	1042.59	877.61	762.32	1207.57	9.52	9.10	11.21	9.84
2010	1113.31	949.48	818.21	1277.14	6.78	8.19	7.33	5.76
2011	1231.14	1059.96	918.85	1402.33	10.58	11.64	12.30	9.80
2012	1356.85	1171.59	1021.63	1542.11	10.21	10.53	11.19	9.97

注：相关表的说明同表3-1。下同。

（3）与其他收入阶层的比较。表3－3和图3－5比较了按收入分组的低收入、中等收入和高收入城镇居民现金消费支出额和支出增长率，同时表3－3和图3－6还计算和比较了三个分组现金消费额占全国城镇居民均值的比例。从增长率的比较来看，收入越高的组，消费支出增长率往往越高，尤其是2005年以前，高收入分组的增长率在多数年份都高居第一位，而低收入分组正好相反，大多数情况下排在最后一位；2005年以后这种情况出现变化，低收入分组消费增长开始提速，高收入组的速度降下来，低收入组的增长速度开始反超。从这种相对比较来看，我们可以将低收入居民消费支出的增长划分为两个阶段，近十年来中国城镇低收入居民消费有明显提速发展的趋势。

表3－3　以不变价格计算的按收入等级分城镇居民人均每年现金消费支出

年份	消费支出（元）				消费支出增长率（%）				占全国均值的比重（%）		
	全国均值	低收入户	中等收入户	高收入户	全国均值	低收入户	中等收入户	高收入户	低收入户	中等收入户	高收入户
1985	545.63	375.16	541.82	792.16	—	—	—	—	68.76	99.30	145.18
1986	556.38	363.43	523.09	783.55	1.97	－3.13	－3.46	－1.09	65.32	94.02	140.83
1987	566.20	386.35	563.38	826.44	1.76	6.31	7.70	5.47	68.24	99.50	145.96
1988	585.67	389.96	582.42	877.81	3.44	0.93	3.38	6.22	66.58	99.45	149.88
1989	552.44	374.05	549.38	816.80	－5.67	－4.08	－5.67	－6.95	67.71	99.45	147.85
1990	576.08	392.57	575.01	838.97	4.28	4.95	4.66	2.72	68.15	99.81	145.64
1991	623.15	440.18	618.91	890.75	8.17	12.13	7.64	6.17	70.64	99.32	142.94
1992	659.83	454.22	656.54	953.04	5.89	3.19	6.08	6.99	68.84	99.50	144.44
1993	717.47	474.17	705.87	1078.15	8.74	4.39	7.51	13.13	66.09	98.38	150.27
1994	775.24	499.37	761.50	1180.09	8.05	5.31	7.88	9.46	64.41	98.23	152.22
1995	823.46	532.73	808.95	1245.23	6.22	6.68	6.23	5.52	64.69	98.24	151.22
1996	838.57	546.43	824.69	1250.55	1.84	2.57	1.95	0.43	65.16	98.35	149.13
1997	868.57	542.48	851.78	1351.35	3.58	－0.72	3.28	8.06	62.46	98.07	155.58
1998	904.30	561.26	881.26	1419.33	4.11	3.46	3.46	5.03	62.07	97.45	156.95
1999	976.29	598.61	949.95	1555.18	7.96	6.65	7.79	9.57	61.31	97.30	159.29
2000	1048.68	610.06	1023.74	1715.59	7.41	1.91	7.77	10.31	58.17	97.62	163.60
2001	1106.27	640.06	1081.52	1805.51	5.49	4.92	5.64	5.24	57.86	97.76	163.21
2002	1269.18	594.35	1164.59	2311.16	14.73	－7.14	7.68	28.01	46.83	91.76	182.10

续表

年份	消费支出（元）				消费支出增长率（%）				占全国均值的比重（%）		
	全国均值	低收入户	中等收入户	高收入户	全国均值	低收入户	中等收入户	高收入户	低收入户	中等收入户	高收入户
2003	1358.14	637.43	1248.31	2518.07	7.01	7.25	7.19	8.95	46.93	91.91	185.41
2004	1450.34	686.33	1342.23	2785.86	6.79	7.67	7.52	10.63	47.32	92.55	192.08
2005	1578.79	736.12	1477.05	3106.36	8.86	7.25	10.04	11.50	46.63	93.56	196.76
2006	1703.20	801.85	1581.93	3352.09	7.88	8.93	7.10	7.91	47.08	92.88	196.81
2007	1873.59	906.15	1736.10	3620.23	10.00	13.01	9.75	8.00	48.36	92.66	193.22
2008	1995.18	951.93	1872.52	3981.39	6.49	5.05	7.86	9.98	47.71	93.85	199.55
2009	2196.37	1042.59	2090.07	4322.02	10.08	9.52	11.62	8.56	47.47	95.16	196.78
2010	2337.58	1113.31	2221.01	4577.65	6.43	6.78	6.26	5.91	47.63	95.01	195.83
2011	2498.50	1231.14	2365.52	4868.97	6.88	10.58	6.51	6.36	49.28	94.68	194.88
2012	2675.60	1356.85	2558.35	5091.35	7.09	10.21	8.15	4.57	50.71	95.62	190.29

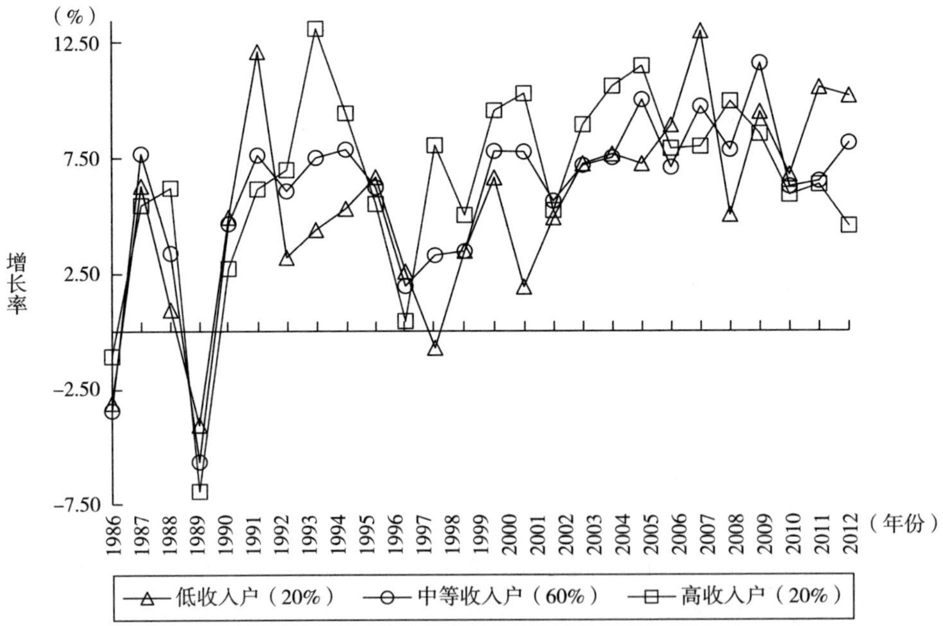

图 3－5　不同收入等级城镇居民现金消费支出增长率比较

注：同图 3－4 的说明，图例中百分比数值表示对应分组人口占城镇居民总人口比重。

从图 3－6 三个收入组居民消费支出额占全国平均值的比例及变化情况来看，1985 年以来，城镇低收入居民消费占全国均值的比例，在 2001 年之前占比较高，2001 年之后占比较小；从变化趋势来看，2001 年之前呈缓慢下降趋势，2001 年之后是一个平稳的甚至有点缓慢上升的震荡趋势。根据这种情况，可以 21 世纪伊始为分界线，将我国城镇低收入居民消费相对支出水平变化划分为两阶段：前一阶段与其他收入分组相比，消费支出额相对下降，且降速相对较大；后一阶段消费支出相对下降势头得到遏制，并且有缓慢回升趋势。

（4）与经济增长速度的比较。图 3－7 绘制了我国城镇低收入居民人均每年消费支出增长率与我国人均 GDP 增长率的曲线。从比较来看，城镇低收入居民消费增长长期低于以人均 GDP 增长为指标的经济增长速度，而且增速更不稳定，波动更大，说明中国城镇低收入居民消费增长没有跟上经济增长的步伐，经济发展的成果没有更多地惠及这些低收入群体。

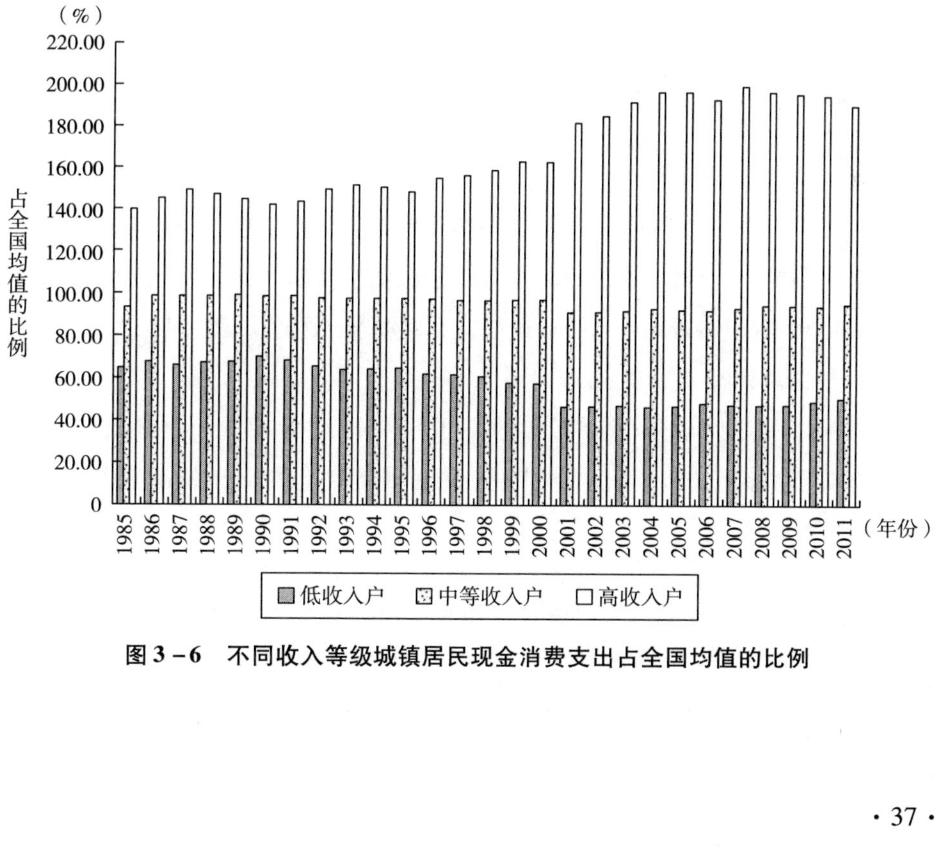

图 3－6　不同收入等级城镇居民现金消费支出占全国均值的比例

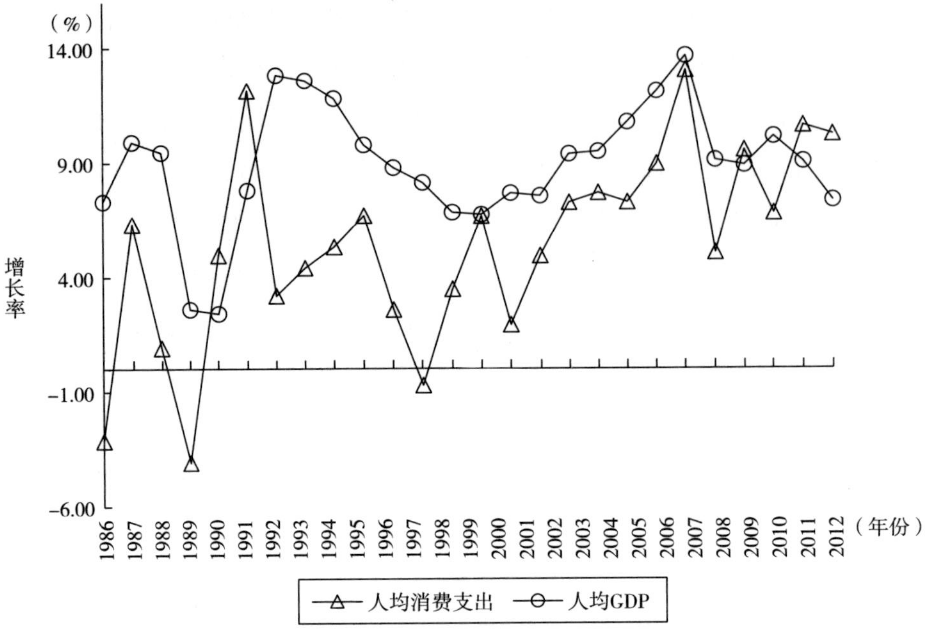

图 3－7　城镇低收入居民人均消费支出与我国人均 GDP 增长率的比较

三、分类消费支出水平

1. 居民消费支出分类

居民消费支出包括对商品和服务的全部最终支出，国家统计局很早就建立起统一规范的居民消费支出分类方案和统计框架，居民消费支出按商品属性通常分为食品、衣着、居住、家庭设备及用品、交通通信、文教娱乐、医疗保健、其他八大项[①]。

2. 八项分类消费支出变化

表 3－4、表 3－5 分别计算和列举了《中国统计年鉴》中有数据可查的 1992～2012 年城镇低收入居民在八项分类消费项目上的支出情况和每年分类消费支出额的增长速度。

① 根据统计年鉴中的说明，食品支出是指用于各种食品、烟草、酒类等的支出；衣着支出是指居民穿着相关购买、加工服务支出；居住支出是指与居住相关的包括房租、水、电、气、物业费等支出，房租也包含自有住房折算的租金；家庭设备及用品支出是指各类家庭生活设备及物品购买支出，包括家具、家用电器、室内装饰品、日用杂品和家庭服务等；交通通信支出是指用于出行交通、车辆维修费和保险、通信通讯工具及相关费用等的支出；文教娱乐支出是指用于文化、教育和娱乐等的支出；医疗保健支出是指用于医疗保健的药品、医疗服务和医疗器具等的支出；其他用品与服务是指除上述七类支出以外的用品与服务支出。

表 3－4　城镇低收入居民八项分类消费人均每年支出水平　　　单位：元

年份＼类别	合计	食品	衣着	居住	家庭设备及用品	交通通信	文教娱乐	医疗保健	其他
1992	454.22	267.98	56.22	28.76	26.64	8.44	38.29	11.95	15.73
1993	474.17	274.28	57.49	33.48	27.35	10.88	42.44	13.25	15.00
1994	499.37	295.69	54.86	35.99	26.37	13.95	41.46	15.51	15.53
1995	532.73	312.91	57.79	41.17	28.10	16.60	42.93	17.51	15.72
1996	546.43	313.12	58.76	44.84	27.34	19.83	45.43	20.13	16.99
1997	542.48	301.28	55.14	50.95	23.66	21.87	50.13	22.01	17.44
1998	561.26	298.23	50.75	57.34	27.15	25.37	58.43	25.89	18.10
1999	598.61	302.60	51.10	66.54	30.85	30.55	67.91	29.39	19.67
2000	610.06	291.76	49.22	70.25	31.76	37.27	71.03	37.94	20.82
2001	640.06	299.11	51.59	75.00	30.95	41.52	80.24	39.20	22.45
2002	594.35	272.08	52.89	67.13	24.35	43.70	78.18	41.08	14.94
2003	637.43	293.85	55.05	72.68	25.89	49.52	81.59	43.03	15.82
2004	686.33	327.66	57.10	74.36	25.47	53.27	85.07	46.10	17.30
2005	736.12	338.07	64.83	85.10	27.91	60.05	87.69	53.73	18.73
2006	801.85	358.35	74.04	93.73	34.47	67.45	95.81	57.24	20.75
2007	906.15	408.10	86.78	100.64	41.83	80.87	102.39	61.83	23.71
2008	951.93	446.19	88.44	110.43	44.40	77.89	90.41	69.31	24.86
2009	1042.59	474.87	102.32	117.67	53.05	87.49	100.57	77.60	29.02
2010	1113.31	500.78	114.38	124.19	62.10	96.94	108.39	76.66	29.88
2011	1231.14	549.18	125.36	133.80	67.98	110.62	125.20	87.57	31.43
2012	1356.85	598.34	140.59	140.97	78.19	124.94	141.03	97.71	35.07

表 3－5　城镇低收入居民八项分类消费人均每年支出增长率　　　单位：%

年份＼类别	合计	食品	衣着	居住	家庭设备及用品	交通通信	文教娱乐	医疗保健	其他
1993	4.39	2.35	2.26	16.41	2.68	28.98	10.82	10.88	−4.65
1994	5.31	7.81	−4.58	7.50	−3.59	28.17	−2.30	17.08	3.56
1995	6.68	5.82	5.34	14.39	6.58	19.00	3.55	12.88	1.19
1996	2.57	0.07	1.68	8.89	−2.72	19.46	5.83	14.97	8.07
1997	−0.72	−3.78	−6.16	13.63	−13.46	10.30	10.34	9.32	2.67
1998	3.46	−1.01	−7.96	12.54	14.73	16.00	16.57	17.65	3.75
1999	6.65	1.46	0.68	16.05	13.65	20.42	16.21	13.52	8.72

续表

年份\类别	合计	食品	衣着	居住	家庭设备及用品	交通通信	文教娱乐	医疗保健	其他
2000	1.91	-3.58	-3.67	5.58	2.95	21.99	4.60	29.07	5.85
2001	4.92	2.52	4.81	6.76	-2.55	11.42	12.96	3.33	7.81
2002	-7.14	-9.04	2.53	-10.49	-21.33	5.25	-2.56	4.78	-33.45
2003	7.25	8.00	4.09	8.27	6.34	13.31	4.35	4.75	5.87
2004	7.67	11.51	3.72	2.30	-1.64	7.56	4.27	7.15	9.35
2005	7.25	3.18	13.53	14.45	9.58	12.73	3.09	16.54	8.31
2006	8.93	6.00	14.22	10.14	23.51	12.33	9.26	6.53	10.77
2007	13.01	13.88	17.20	7.37	21.35	19.89	6.87	8.02	14.27
2008	5.05	9.33	1.91	9.73	6.14	-3.69	-11.70	12.11	4.84
2009	9.52	6.43	15.69	6.56	19.49	12.32	11.24	11.97	16.72
2010	6.78	5.46	11.79	5.54	17.05	10.80	7.77	-1.22	2.97
2011	10.58	9.66	9.60	7.74	9.47	14.11	15.51	14.23	5.19
2012	10.21	8.95	12.15	5.36	15.03	12.94	12.65	11.58	11.56

注：根据《中国统计年鉴》的说明，从2002年起相关资料按新口径计算，故2002年的增长率与2001年的增长率数值不具可比性。

表3-6统计了1992~2012年中国城镇低收入居民总消费支出和八项分类消费支出翻倍的情况，并与全国城镇居民消费增长情况进行了比较。纵向自身比，2012年城镇低收入居民消费总支出增长到1992年的2.99倍，其中，食品支出仅增长到2.23倍，食品和衣着支出是增长倍率最少的，低于消费总支出的增长；增长最多的是交通通信和医疗保健支出，分别增长到14.81倍和8.18倍。与全国城镇居民整体横向比，城镇低收入居民无论是总消费支出还是分类消费支出增长倍率全面落后：从比值来看，城镇低收入居民消费增长最快的交通通信支出，其增长倍数只有全国城镇居民的0.66，在所有分类消费中反而是相对增长最慢的。这说明交通通信支出在全国城镇所有居民当中都是高速增长的，城镇低收入居民也不例外，但是比较发现，他们该项支出的相对增长速度却并不快。如果将食品、衣着、居住等消费划为生存型消费，而将交通通信、文教娱乐、医疗保健等视为发展型消费，那么通过与其他收入组城镇居民相比发现：城镇低收入居民在生存型消费支出发展相对较快，而发展型消费支出增长相对较慢，他们的消费还处在相对较低的层次。

表 3－6　1992～2012 年城镇居民八项分类消费支出翻倍增长情况

指　标	合计	食品	衣着	居住	家庭设备及用品	交通通信	文教娱乐	医疗保健	其他
城镇低收入居民	2.99	2.23	2.50	4.90	2.94	14.81	3.68	8.18	2.23
全国城镇居民	4.06	2.78	3.15	6.05	3.23	22.60	5.61	10.42	3.37
低收入居民/全国	0.74	0.80	0.79	0.81	0.91	0.66	0.66	0.79	0.66

注：表中数据＝2012 年各项消费支出 ÷ 1992 年对应消费支出，即计算的是 2012 年相应指标数值是 1992 年的倍数。

图 3－8 绘制了中国城镇低收入居民人均每年各类消费支出增长率曲线，从这段 20 年的消费支出增长率曲线图可以看到，各类消费支出总体上呈正增长，但是波动性很大，每年的消费增长率很不稳定，反映城镇低收入居民消费增长的脆弱性和敏感性较大。

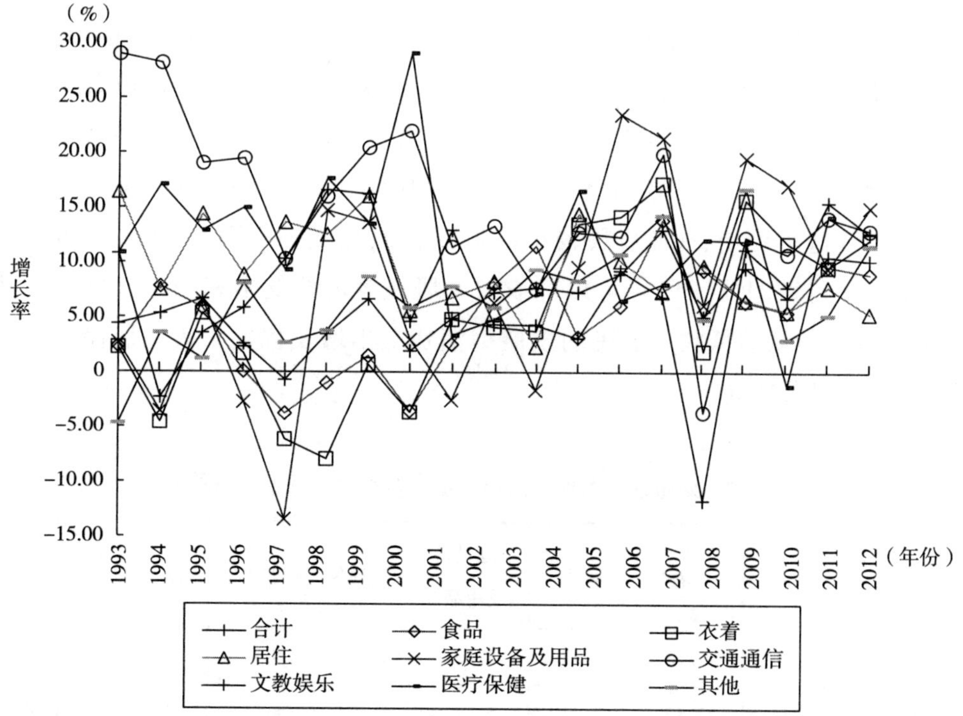

图 3－8　城镇低收入居民八项分类消费人均每年支出增长率曲线

第二节　城镇低收入居民消费结构的初步分析

一、分类消费支出结构

表3－7计算历年来中国城镇低收入居民八项分类消费支出占其总消费的比例。从占比情况来看，首先是1992年食品占据全部消费支出的59%，是城镇低收入居民消费的绝对主力；其次是衣着消费，占12.38%；其他如交通通信、医疗保健等支出，都仅占不到3%的比重。衣着、食品、居住三项在1992年合计占到总消费支出的77.71%，说明以衣着、食品、居住为主体的生存型消费在当时占据了城镇低收入居民消费的绝对位置。到2012年，食品支出占比下降了14.9%，衣着消费小幅下降，居住支出上升了4.06%，说明城镇低收入居民在居住条件方面有更大的消费支出，生活条件得到明显改善。2012年衣着、食品、居住这三类消费支出合计占比为64.85%，生存型消费需求占比降幅明显。同时，2012年的交通通信和医疗保健支出相对20年前有极大的提高，当然这里面有之前基数较小的原因，但是交通通信由原来支出仅占1.86%提高到9.21%，已经可以和衣着、居住等消费支出相当了。这些变化说明到2012年城镇低收入居民的发展型消费支出增长幅度很大，居民消费的层次和水平显著提高。

表3－7　城镇低收入居民八项分类消费支出占总支出的比例　　单位:%

年份＼类别	食品	衣着	居住	家庭设备及用品	交通通信	文教娱乐	医疗保健	其他
1992	59.00	12.38	6.33	5.86	1.86	8.43	2.63	3.46
1993	57.84	12.12	7.06	5.77	2.29	8.95	2.79	3.16
1994	59.21	10.99	7.21	5.28	2.79	8.30	3.11	3.11

续表

年份＼类别	食品	衣着	居住	家庭设备及用品	交通通信	文教娱乐	医疗保健	其他
1995	58.74	10.85	7.73	5.28	3.12	8.06	3.29	2.95
1996	57.30	10.75	8.21	5.00	3.63	8.31	3.68	3.11
1997	55.54	10.16	9.39	4.36	4.03	9.24	4.06	3.22
1998	53.14	9.04	10.22	4.84	4.52	10.41	4.61	3.22
1999	50.55	8.54	11.12	5.15	5.10	11.34	4.91	3.29
2000	47.83	8.07	11.51	5.21	6.11	11.64	6.22	3.41
2001	46.73	8.06	11.72	4.84	6.49	12.54	6.12	3.51
2002	45.78	8.90	11.29	4.10	7.35	13.15	6.91	2.51
2003	46.10	8.64	11.40	4.06	7.77	12.80	6.75	2.48
2004	47.74	8.32	10.83	3.71	7.76	12.39	6.72	2.52
2005	45.93	8.81	11.56	3.79	8.16	11.91	7.30	2.54
2006	44.69	9.23	11.69	4.30	8.41	11.95	7.14	2.59
2007	45.04	9.58	11.11	4.62	8.92	11.30	6.82	2.62
2008	46.87	9.29	11.60	4.66	8.18	9.50	7.28	2.61
2009	45.55	9.81	11.29	5.09	8.39	9.65	7.44	2.78
2010	44.98	10.27	11.15	5.58	8.71	9.74	6.89	2.68
2011	44.61	10.18	10.87	5.52	8.99	10.17	7.11	2.55
2012	44.10	10.36	10.39	5.76	9.21	10.39	7.20	2.58

图3－9、图3－10分别绘制了食品支出占总消费比重和其余七大类消费支出占比的变化曲线图（因为食品支出占比过大，所以分开绘制），曲线直观展现了各类消费支出占比的历年波动情况。

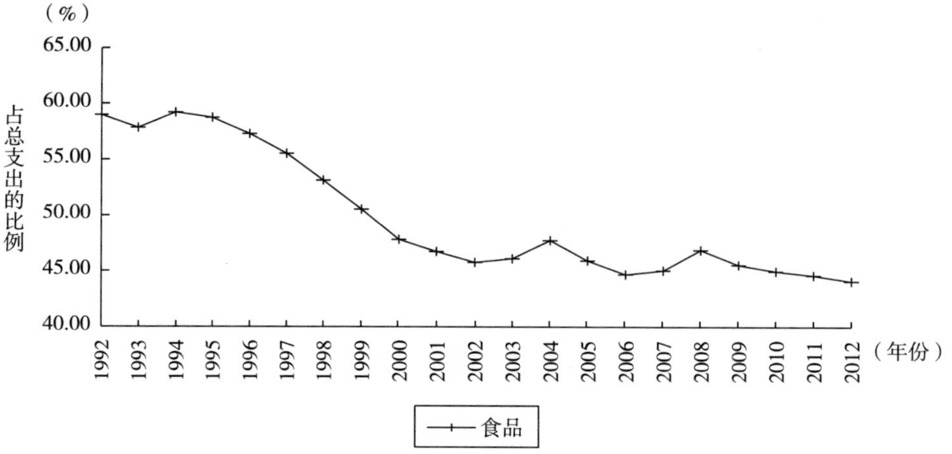

图 3-9　城镇低收入居民八项分类消费支出占总支出的比例（一）

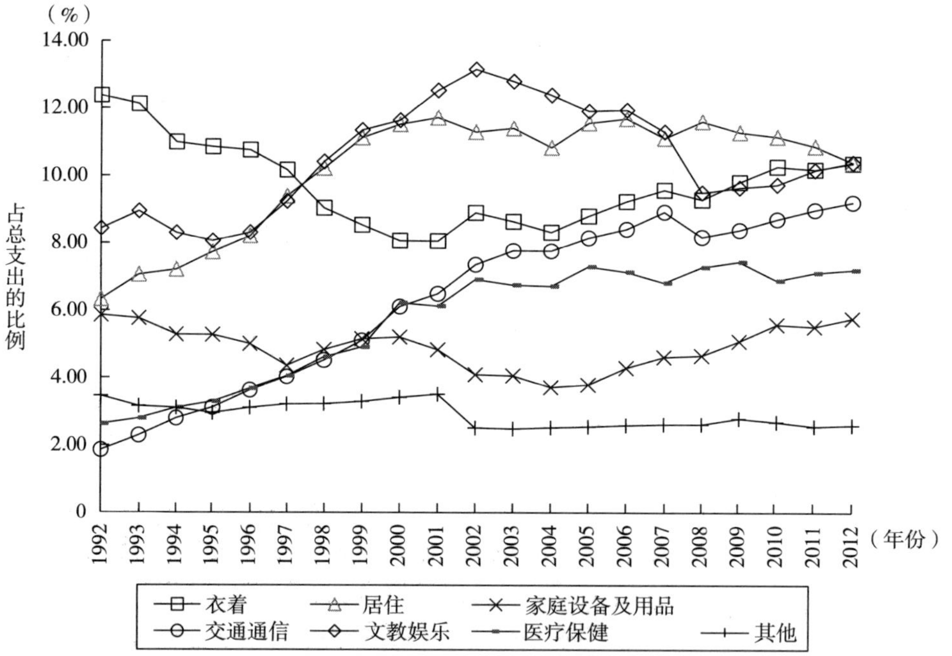

图 3-10　城镇低收入居民八项分类消费支出占总支出的比例（二）

注：因食品支出占比过大，为了更好地显示，所以分开绘制。

以上是从消费支出分类层面进行的粗略比较。下面依次对中国城镇低收入居民八项分类消费支出的具体变化做详细的描述。

1. 食品

民以食为天，自古以来食品支出就是居民消费支出中最重要的一项，因为食品支出占总支出的比例最大，在过去一度会高达50%，理论和实践中通常用专门术语——恩格尔系数（Engel's Coefficient）来衡量食品支出占消费总支出的比重[①]。从统计结果来看，在统计期间（1992～2012年），我国城镇低收入居民食品消费支出占比呈“先快速下降，后缓慢下降，再震荡下降”的变化趋势。城镇低收入居民的恩格尔系数整体是下降的，由1992年的59.00%下降至2012年的44.10%（见表3－7）。1992年，城镇低收入居民食品消费支出267.98元，到2012年增长到598.34元，增长到1992年的2.23倍，低于他们总消费支出2.99倍的增长。比较城镇低收入居民和全国的食品消费支出占比变化，可以发现完全符合恩格尔定律。图3－11对城镇低收入居民与全国城镇居民的恩格尔系数进行了比较。从两条曲线来看，首先两者的整体趋势都是下降的。从1992～2012年，城镇低收入居民恩格尔系数由59.00%下降到44.10%，同期全国城镇居民的恩格尔系数由52.85%下降到36.23%。曲线示意图还显示，2000年之前，我国城镇低收入居民的恩格尔系数下降速度很快，到2000年降至47.83%；此后他们消费的恩格尔系数虽然继续下降，但是下降速度放缓了许多，呈现震荡缓慢下降的走势。说明近年来我国城镇低收入居民开始注重食品“质”的消费，高质高价导致食品消费支出不再继续下降，因此，恩格尔系数出现震荡走势。

图3－11还显示，同期相比城镇低收入居民的恩格尔系数一直显著高于全国城镇居民。一方面，说明在将来一段时期内，城镇低收入居民的恩格尔系数还有下降空间，食品支出增长会进一步放缓，占总消费支出的比例会继续减少；另一方面，也直观地反映城镇低收入居民消费中食品占比相对过高的问题一直存在，他们的消费结构水平相对较差。

---

① 19世纪德国统计学家恩格尔发现了恩格尔定律，他根据统计资料发现消费结构中食品支出具有一般性的变化规律，从而指明了家庭收入和食品消费支出的变化趋势，用来购买食物的支出占总支出的比例，也就是恩格尔系数，与家庭的收入呈负相关，收入越低，恩格尔系数越高。恩格尔系数可以作为判断生活水准的指标，根据联合国粮农组织提出的标准，恩格尔系数在59%以上的生活视为贫困，50%～59%、40%～50%、30%～40%分别视为温饱、小康和富裕，恩格尔系数低于30%的视为最富裕。

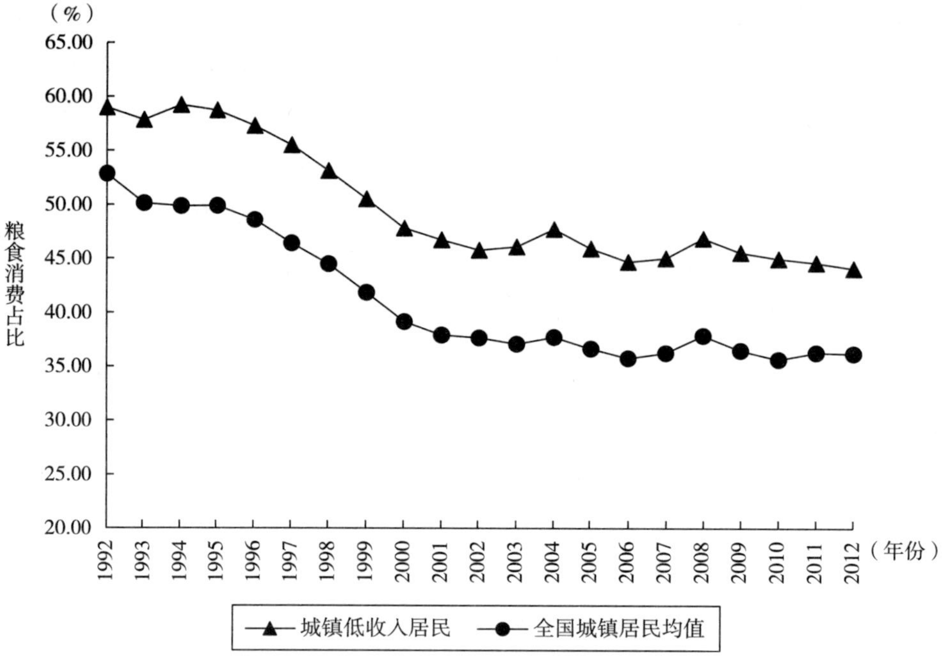

图 3－11　全国城镇居民和城镇低收入居民的恩格尔系数曲线

2. *衣着*

在统计期间，城镇低收入居民的衣着消费支出占比变化是“先快速下降，然后震荡回升”，由 1992 年的 12. 38% 下降至 2004 年的 8. 32%，再上升至 2012 年的 10. 36%（见表 3－7）。2000 年以前，因为可支配收入低，城镇低收入居民对衣着消费的要求仅能更多地讲究保暖性能，偏好价格低廉的商品。进入 2000 年以后，他们对衣着用来保暖的基本功能性需求已经完全满足后，开始注重较高层次的功能需求了，例如，开始追求衣着质量的高低、款式的新颖时髦和装饰的美丑、品牌的级别以及穿着的个性化等方面。

3. *居住*

在统计期间，城镇低收入居民在居住方面的支出占比变化是“先快速上涨，然后居高震荡不下”，由 1992 年的 6. 33% 上升至 2003 年的 11. 40%，然后稳定在 11% 左右（见表 3－7）。居住支出的这种变化与城镇住房制度改革密切相关。在住房制度改革前，国家和国有、集体企业向城镇居民包括城镇低收入居民提供大量的公有住房，因此，他们的居住支出总量很小，占比必然较小；之后城镇住宅商品化改革开始，公有住房逐步减少，直接造成城镇低收入居民的居住支出大幅增加。近年来这些居民在满足基本居住需求之后，也开始对居住的条件和环境提出改善性要求。

4. 家庭设备及用品

在统计期间，城镇低收入居民用于家庭设备及用品的购买支出占比变化相对其他支出变化比较平缓，是“先震荡下降，然后震荡上升”的，由1992年的5.86%下降至2004年的3.71%，再上升至2012年的5.76%（见表3－7）。由于家庭设备及用品中大件占很大比重，多数属于一次买入使用很多年的那种商品，加上最近20年正好处在我国工业制造业高速发展阶段，这些设备的生产成本大幅下降，商品价格也长年处在下降周期，虽然近年来居民对这些设备及用品的质量、性能和品位提出了更高要求，但是因为这类商品整体生产成本和售卖价格下降也很快，结果综合造成城镇低收入居民在家庭设备及用品方面的消费支出比重总体变化不大。

5. 交通通信

在统计期间，交通通信是城镇低收入居民各类消费支出中增长最快的项目，从图3－10可以看到，通信支出占比在多数时间都是高速上涨的，由1992年的1.86%飞速上涨到2012年的9.21%。究其原因，一方面，是近年来交通通信业发展非常迅猛，我国当下已经成为世界领先的交通便利、通信发达的国家，由于过去几十年国家持续对这类基础设施建设大手笔投入，交通和通信行业发展得非常好，相关商品和服务的价格也在持续下降，尤其是通信业，例如，手机资费一降再降，基本上快要降到底部，甚至出现很多零资费、免费使用的手机卡号资费套餐，同时手机等硬件设备也在不断地卖出“白菜价”，起初价格高昂的手机现在在我国已经是人手一部甚至多部了。另一方面，因为科技的飞速发展和信息时代的到来，交通通信已经成为全体居民包括城镇低收入居民在生活、工作中必不可少的基本消费需求，已经成为刚性需求了。此外，家用小汽车的普及、高铁高速公路提供的便捷交通，也都大大助推了城镇低收入居民对交通通信的消费支出。

6. 文教娱乐

在统计期间，城镇低收入居民在文教娱乐项的支出变化不大，占比基本上是“先快速上涨，然后震荡下降，最后小幅攀升”，由1992年的8.43%涨到至2004年的12.39%，再下降至2008年的9.50%，最后开始趋于稳定并缓慢攀升（见表3－7）。可以看到，2003年以前中国城镇低收入居民文教娱乐支出比重快速增长，一个重要原因是当时我国推行了教育尤其是高等教育收费体制的改革，原来全部公费上大学的福利制度逐步取消，代之以除九年义务教育以外的其他教育都需要公民自己自费出钱，从而造成居民的高等教育出现高昂的学费支出。由于我国传统重视教育，教育支出是刚性需求支出，尤其是对城镇低收入居民来说，个人乃至整个家庭跨越低收入阶层的主要途径就是教育，所以很多家庭在子女的教育上面不惜重金投入，对于他们来说，即使是节衣缩食也要把儿女培养教育成才是很普遍的做法。由于这种原因导致改革后城镇低收入居民的文化教育支出出现大幅度的增长。不过，近年来随着改革的深入和国家的日益富强，政府对教育的投入也在不断加大，对低收入家庭困难学生的救助和补助体系制度正日益得到完善，有效地缓解和降低了低收入家庭在教育方面的高额支出，这是近年来城镇低收入居民的文教支出比重在一定程度上出现下降的主要原因。目前，在基本的文教娱乐需求日益得到满足的基础上，城镇低收入居民也开始追求适当的高级娱乐活动，业余文化生活也逐步得到一定程度上的发展，文教娱乐支出逐渐趋稳。

7. 医疗保健

在统计期间，城镇低收入居民的医疗保健支出占比变化是“先上涨，然后小幅震荡”，总体上是增长的，尤其是前期出现大幅度的增长，由 1992 年的 2. 63% 上升至 2005 年的 7. 30%，然后在 6. 82% 和 7. 44% 之间反复小幅震荡（见表 3 - 7）。从前期的增幅来看，2005 年以前，城镇低收入居民医疗保健消费支出占比出现持续大幅上升，主要原因就是 20 世纪末实施的城镇医疗体制改革，一方面，取消了普通居民的公费医疗；另一方面，也改革了整个医疗系统的收支体系，造成城镇各个医院和诊所的医疗服务价格和药品市场价格居高不下，加上医疗保健是居民生活的必需品，刚性需求明显，这些因素综合起来造成城镇低收入居民的医疗保健支出大幅增长，而且在暴涨之后就一直居高不下。

8. 其他用品与服务

在统计期间，城镇低收入居民除以上七大类消费支出外的其他消费支出占比变化不大，基本上是“维持低位，基本不变”。由于总体来说，这部分支出本身在整个消费支出当中占比就一直很小，所以变化幅度不大，整体稍微下降，但是降幅很小，由 1992 年的 3. 46% 下降至 2012 年的 2. 58%（见表 3 - 7）。由于这部分消费集中体现为居民的享受型消费，这也说明城镇低收入居民的高层次消费活动很少，即使是经济在持续增长，他们的享受型消费发展也很慢。

二、分层消费支出结构

依据美国心理学家马斯洛（Maslow，1943）提出的“需求层次理论”，可以将消费分层，把所有的消费支出归类分成三种不同层次的需求类型。图3－12绘制了“马斯洛需求层次”图。马斯洛认为，人们的各种需求是有层次的，低级的消费需求是基本需求，首先需要得到满足，然后才会产生相对高级的需求。在需求层次的金字塔中，低层级的需求包括生理需求、安全需求、社交需求等，而高层次需求包括获得别人尊重的需求、实现自我心理的需求等。低级需求因为要求低，所以比较容易得到满足和实现，而高级需求则相对较难满足，实现难度大。随着经济增长，收入增加，消费力增强，人们也在不断寻求由低到高的各层次需求的满足。而随着不同层次需求的渐次满足，消费支出会表现出各项分类消费支出的有规律的变化，也就是说，消费结构会因需求分层而逐渐演变，并表现一定的规律性。由马斯洛的需求理论可以推导出居民消费结构演变的基本规律，据此可以预判将来消费结构的变化趋势。

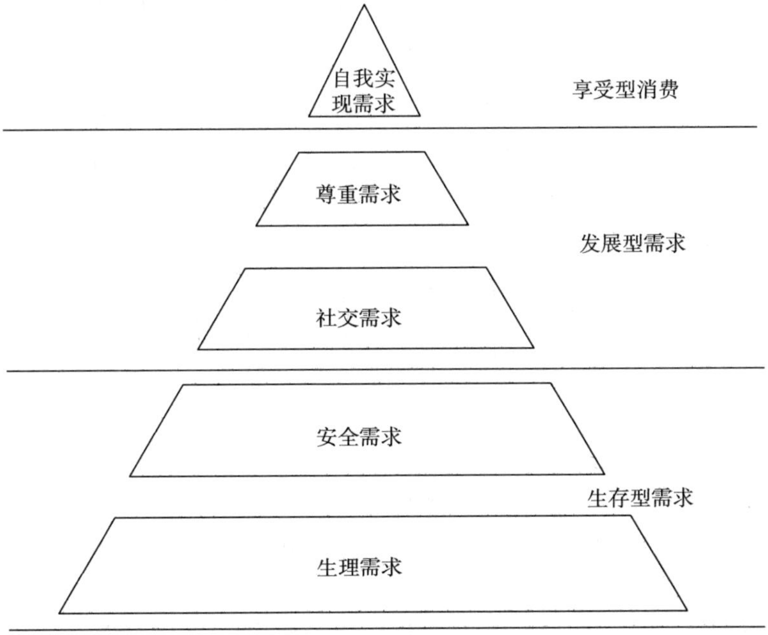

图3－12 马斯洛需求层次

根据马斯洛的需求层次理论，现有研究普遍将各项分类消费分成三种类型。①生存型消费，包括吃、穿、住消费，是指满足人们基本生存需要和维持劳动力简单再生产所要付出的生活、生产性消费支出；②发展型消费，是指人们为了发展锻炼或者培养自己的体力、智力和能力等所需要付出的消费支出，如在文化用品、体育用品以及接受教育培训、进行社交活动、从事文化表演交流等所需要在设备和服务方面的支出；③享受型消费，是指人们为了满足个人和家庭在享乐方面的消费支出，如在高档次衣食住行方面的支出，包括在美容美食、奢侈消费品、电影艺术、观光旅游等方面的支出，尤其是某些高层次的精神文化用品和服务方面的支出等。

本书依据对生存型、发展型和享受型消费变量含义的描述，将八项分类消费支出中的食品、衣着、居住三项归类到生存型消费，将家庭设备及用品、交通通信、医疗保健、文教娱乐归为发展型消费，将其他用品与服务归为享受型消费。

城镇居民在生存型消费、发展型消费和享受型消费方面的支出结构直接反映和代表了他们的消费水平和消费层次；同时这三种需求层次消费支出的变化过程也是城镇低收入居民消费结构不断优化升级的表现（如表 3 – 8 所示）。

表 3 – 8　城镇低收入居民三种需求层次的消费支出情况

年份	人均三种消费年支出额（元）			三种消费支出占总消费的比重（%）		
	生存型消费	发展型消费	享受型消费	生存型消费	发展型消费	享受型消费
1992	352.96	85.32	15.73	77.74	18.79	3.47
1993	365.25	93.92	15.00	77.03	19.81	3.16
1994	386.55	97.29	15.53	77.41	19.48	3.11
1995	411.86	105.14	15.72	77.31	19.74	2.95
1996	416.71	112.73	16.99	76.26	20.63	3.11
1997	407.37	117.67	17.44	75.09	21.69	3.22
1998	406.32	136.84	18.10	72.39	24.38	3.22
1999	420.23	158.70	19.67	70.20	26.51	3.29
2000	411.23	178.00	20.82	67.41	29.18	3.41
2001	425.69	191.91	22.45	66.51	29.98	3.51

续表

年份	人均三种消费年支出额（元）			三种消费支出占总消费的比重（%）		
	生存型消费	发展型消费	享受型消费	生存型消费	发展型消费	享受型消费
2002	392.10	187.31	14.94	65.97	31.52	2.51
2003	421.59	200.03	15.82	66.14	31.38	2.48
2004	459.12	209.91	17.30	66.90	30.58	2.52
2005	488.00	229.38	18.73	66.29	31.16	2.54
2006	526.13	254.97	20.75	65.61	31.80	2.59
2007	595.52	286.92	23.71	65.72	31.66	2.62
2008	645.06	282.01	24.86	67.76	29.62	2.61
2009	694.85	318.72	29.02	66.65	30.57	2.78
2010	739.34	344.08	29.88	66.41	30.91	2.68
2011	808.34	391.37	31.43	65.66	31.79	2.55
2012	879.91	441.88	35.07	64.85	32.57	2.58

图3-13描绘了1992~2012年中国城镇低收入居民三种不同层次的消费支出占总消费支出的比重变化曲线。

（1）从整体来看，城镇低收入居民生存型消费占比一直居高不下，远远高于另外两个层次的消费需求；同时，代表较高级消费类型的享受型消费支出比例一直很小，从1992年占比仅有3.47%下降到2012年占比为2.58%，甚至出现小幅度的下降。这两方面的变化说明，我国城镇低收入居民消费层次还是很低的，还处在为生存而消费的较初级阶段。

（2）从三条曲线的历史变化情况来看，可以2000年前后为一个分界点，在2000年之前，城镇低收入居民生存型消费占比快速下降，而发展型消费占比提升很快，说明2000年之前我国城镇低收入居民消费结构持续得到较快速的改善。而在2000年以后，消费结构的发展反而进入一个反复震荡、举步不前的停滞时期。这种现象反映出来的问题与上文的结论是一致的，近年来，尽管我国经济持续稳定增长，经济实力大幅度增强，但是城镇低收入居民并没有得到应有的照顾，没有充分享受到应该占有的经济增长红利；同时这也说明城镇低收入居民的消费结构还有非常大的优化升级空间，这种优化升级的要求也日益迫切。

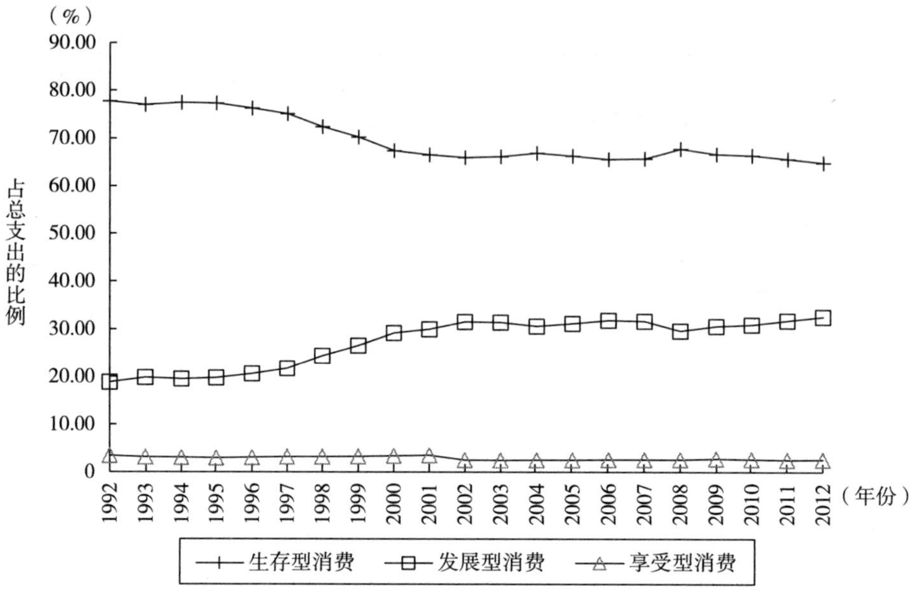

图 3-13　城镇低收入居民三种层次消费支出占总支出比重的变化

第三节　城镇低收入居民消费结构的进一步分析：基于 ELES 模型

为了进一步研究居民的消费结构，通常会利用扩展线性支出系统（Extended Liner Expenditure System，ELES）模型来作深入分析。该模型在考虑价格和收入因素影响的基础上，能够估算出居民消费的基本消费支出，可以精细地分析消费品和服务的收入弹性与需求弹性。

由于研究视角和侧重点选择等原因，现有文献并没有以中国城镇低收入居民为研究对象深入讨论他们消费的构成。本节准备采用 ELES 模型，利用 2015 年全国各省（市、区）城镇低收入居民家庭平均每人全年消费支出数据，对该年城镇低收入居民的消费结构作实证分析。

一、ELES 模型的理论

扩展线性支出系统（ELES）模型是经过众多经济学家共同努力逐步建立起来的。早在 1947 年，Clein 和 Rubin（1947）就认为，商品的消费效用是可加的，且消费效用受到需求满足程度的影响，也就是说，对商品的实际需求量与基本需求量之间的差值会影响到消费效用。在此基础上，Stone（1954）提出线性支出系统（Linear Expendliture System，LES）模型：

$$p_iq_i = p_ir_i + b_i(V - \sum_{i=1}^{n} p_ir_i) \tag{3-1}$$

其中，p_i 表示商品或服务 i 的价格，V 表示总预算，b_i 表示预算系数。式(3-1)表明，对 i 的实际消费 q_i 由基本消费 r_i（维持生活生产需要必不可少的支出）和额外消费（扣除基本支出后的消费）组成。

后来，Luich（1973）修改了 LES 模型，提出 ELES 模型：

$$p_iq_i = p_ir_i + \beta_i(I - \sum_{i=1}^{n} p_ir_i) \tag{3-2}$$

在式（3-2）中，Luich 用收入 I 替代了式（3-1）中的 V，用边际消费倾向 β_i 替代了 b_i。

令 $\alpha_i = p_ir_i - \beta\sum_{i=1}^{n} p_ir_i$，又令 $C_i = p_iq_i$ 表示对商品 i 的实际消费，由式（3-2）得：

$$C_i = \alpha_i + \beta_iI + u_i \tag{3-3}$$

其中，α_i 和 β_i 表示待估参数，用 $\hat{\alpha}_i$ 和 $\hat{\beta}_i$ 分别表示对应的参数估计值，u_i 表示随机扰动项。根据式（3-2）和式（3-3），可以估计出居民对商品 i 的基本需求 $\hat{p}_i\hat{r}_i$：

$$p_ir_i = \alpha_i + \beta_i \cdot \frac{\sum_{i=n}^{n}\alpha_i}{1 - \sum_{i=1}^{n}\beta_i} \tag{3-4}$$

需求的收入弹性：

$$\varepsilon_i = \frac{\partial C_i}{\partial I} \cdot \frac{I}{C_i} = \beta_i \cdot \frac{I}{C_i} \tag{3-5}$$

自价格弹性：

$$\varepsilon_{ii} = (1 - \beta_i)\frac{p_i r_i}{C_i} - 1 \tag{3-6}$$

二、数据来源与处理

本章从2016年各省（市、区）统计年鉴中采集城镇低收入居民消费、收入等的相关数据（2015年度的）进行分析。在全国除去港澳台之外的31个省（市、自治区）中，河北、湖南、贵州、甘肃和西藏5个省区由于分组数据不全或数据间断太长，无法进行分析，所以全国一共有26个省（市、区）的城镇低收入居民相关数据进入分析样本。同时，将纳入统计的26个省（市、区）按传统三大地区的方法分为东中西部三个组①，分别进行实证分析，并比较结果。这样，本书实际统计分析的三大地区包含的具体的省（市、区）为：东部地区有北京、天津、辽宁、上海、江苏、浙江、福建、山东、广东、海南共10个省（市）；中部地区有吉林、黑龙江、河南、山西、湖北、安徽、江西共7个省份；西部地区有内蒙古、四川、青海、宁夏、新疆、陕西、云南、重庆、广西共9个省（市、区）②。

在进行实证分析时，本书利用按收入等级（七等份或五等份）划分的原始数据，经过与第二章类似的方法加工处理③，得到低收入组、中等收入组和高收入组三个子样本数据。

三、模型估计与调整

1. 模型中参数的估计

式（3-3）是消费支出与收入的方程，可以利用EViews 8.0软件进行最小二乘法估算参数，以下分别列出对食品支出 C_1、衣着支出 C_2、家庭设备及用品支出 C_3、医疗保健支出 C_4、交通通信支出 C_5、文教娱乐支出 C_6、居住支出 C_7、

---

① 根据多数文献中一般的分法，我国三大地区：东部地区包括辽宁、北京、天津、河北、山东、上海、江苏、浙江、福建、广东和海南11个省（市）；中部地区包括吉林、黑龙江、山西、河南、湖北、湖南、安徽、江西8省份；西部地区包括内蒙古、四川、重庆、贵州、云南、广西、陕西、甘肃、青海、宁夏、西藏、新疆12个省（市、区）。

② 地区样本数量为26个。

③ 详见正文第二章第二节。

其他用品与服务支出 C_8 与可支配收入 I 进行回归估算后所得的回归方程。

食品支出 C_1 与可支配收入 I 的回归方程为：

$$C_1 = 531.7413 + 0.216874I \quad (3-7)$$

$t = (2.396148)\ (11.01634)$

$R^2 = 0.789507 \quad se = 351.6127 \quad F = 108.5461$

衣着支出 C_2 与可支配收入 I 的回归方程为：

$$C_2 = 491.2564 + 0.062157I \quad (3-8)$$

$t = (4.362814)\ (2.600192)$

$R^2 = 0.301257 \quad se = 170.9987 \quad F = 9.198215$

家庭设备及用品支出 C_3 与可支配收入 I 的回归方程为：

$$C_3 = -9.512870 + 0.050147I \quad (3-9)$$

$t = (-0.240191)\ (11.51940)$

$R^2 = 0.770403 \quad se = 60.51871 \quad F = 131.5128$

医疗保健支出 C_4 与可支配收入 I 的回归方程为：

$$C_4 = 92.15742 + 0.039257I \quad (3-10)$$

$t = (1.190051)\ (5.528837)$

$R^2 = 0.519020 \quad se = 139.6201 \quad F = 33.09371$

交通通信支出 C_5 与可支配收入 I 的回归方程为：

$$C_5 = -471.6910 + 0.168217I \quad (3-11)$$

$t = (-4.013766)\ (10.91934)$

$R^2 = 0.793813 \quad se = 210.3815 \quad F = 121.6128$

文教娱乐支出 C_6 与可支配收入 I 的回归方程为：

$$C_6 = -301.5104 + 0.116901I \quad (3-12)$$

$t = (-3.145901)\ (15.09364)$

$R^2 = 0.813486 \quad se = 128.5491 \quad F = 216.9408$

居住支出 C_7 与可支配收入 I 的回归方程为：

$$C_7 = 146.5170 + 0.075189I \quad (3-13)$$

$t = (2.031988)\ (10.19741)$

$R^2 = 0.755791 \quad se = 123.9572 \quad F = 78.12785$

其他用品与服务支出 C_8 与可支配收入 I 的回归方程为：

$$C_8 = -31.91842 + 0.031224I \tag{3-14}$$

$t = (-0.821457)\ (8.193542)$

$R^2 = 0.775183 \quad se = 60.19840 \quad F = 75.25486$

2. 模型的计量经济学检验

本节采用的是2015年全国各省（市、区）城镇低收入居民家庭人均全年消费支出和收入的数据，由于地区贫富差距较大，居民收入各不相同，因此，对各种商品和劳务的消费支出会存在差异，这种差异容易造成模型的异方差性，还必须对模型进行异方差检验，本节采用WHITE检验方法，利用EViews 8.0分别对式（3-7）~式（3-14）进行检验。

对式（3-7）：$C_1 = 531.7413 + 0.216874I$ 的异方差检验结果得到：$nR^2 = 0.591860$，由WHITE检验可知，在 $\alpha = 0.05$ 的显著性水平下，查 χ^2 分布表，得临界值 $\chi^2_{0.05}(2) = 5.9915$，因为 $nR^2 = 0.591860 < \chi^2_{0.05}(2) = 5.9915$，所以拒绝备选假设，接受原假设，表明式（3-7）不存在异方差。

运用WHITE检验方法经过同样的过程，依次对式（3-8）~式（3-14）进行异方差检验，结果发现式（3-8）、式（3-9）、式（3-12）和式（3-14）均不存在异方差，另外三个模型存在异方差：

式（3-10）：$nR^2 = 8.812694 > \chi^2_{0.05}(2) = 5.9915$；

式（3-11）：$nR^2 = 7.612809 > \chi^2_{0.05}(2) = 5.9915$；

式（3-13）：$nR^2 = 7.912647 > \chi^2_{0.05}(2) = 5.9915$。

3. 模型的修正

针对存在异方差的模型，本节采用加权最小二乘法（Weighted Least Squares Estimation，WLS）进行修正，选用权数 $w = 1/I^2$，经过修正后的模型如下：

医疗保健支出 C_4 与可支配收入 I 的回归方程为：

$$C_4 = 102.5869 + 0.048953I \tag{3-15}$$

$t = (0.915943)\ (3.025894)$

$R^2 = 0.532891 \quad se = 128.5419 \quad F = 16.95821$

交通通信支出 C_5 与可支配收入 I 的回归方程为：

$$C_5 = -459.3591 + 0.158427I \qquad (3-16)$$

$$t = (-3.186428)\ (8.259743)$$

$$R^2 = 0.501548 \quad se = 189.0257 \quad F = 67.15472$$

居住支出 C_7 与可支配收入 I 的回归方程为：

$$C_7 = 101.5486 + 0.072548I \qquad (3-17)$$

$$t = (1.003818)\ (8.316973)$$

$$R^2 = 0.752974 \quad se = 103.5289 \quad F = 51.54893$$

4. 经济意义和统计推断检验

按 $C_1 \sim C_8$ 的顺序，本节最终确定的模型为：式（3－7）、式（3－8）、式(3－9)、式（3－15）、式（3－16）、式（3－12）、式（3－17）、式（3－14），可支配收入的系数是正值，说明城镇低收入居民的各项消费支出都与收入正相关，收入增长，各项消费支出将随之增加。各回归模型的 R^2 比较高，只有式（3－8）对应的 R^2 不到0.5，综合来看，整体拟合度是不错的；在 $\alpha = 0.05$ 的显著性水平下 F 检验结果也都通过，各模型的系数均显著。

四、模型的计算及结果分析

根据上述各方程的估算结果，由式（3－4）、式（3－5）、式（3－6）可以计算出 ELES 模型中的各项估计值，结果如表 3－9 所示。

表 3－9　城镇低收入居民消费结构的 ELES 模型估计结果

分类支出	$\hat{\alpha}$	$\hat{\beta}_i$	$\hat{p}_i\hat{r}_i$	ε_i	ε_{ii}
食品	555.0440	0.2286	867.6722	0.8185	－0.7659
衣着	487.2925	0.0308	532.3595	0.4014	－0.3633
家庭设备及用品	－9.4377	0.0442	50.7070	1.0189	－0.8917
医疗保健	107.0857	0.0471	171.1157	0.8187	－0.7224
交通通信	－459.5265	0.1379	－270.8166	1.4258	－1.2219
文教娱乐	－330.4100	0.1264	－157.0235	1.2089	－1.1350
居住	66.2974	0.0709	162.7838	0.9279	－0.8181
其他用品与服务	－24.9181	0.0297	15.7893	1.1206	－0.9504

从表3－9中$\hat{\beta}_i$的估计值可以看到，首先，2015年中国城镇低收入居民的食品边际消费倾向最高，为0.2286，这意味着低收入居民会将收入增加的22.86%用于食品消费，这个比例高于其他商品，说明在满足基本生活需求支出之后，城镇低收入居民还是利用剩余收入来更多地提高饮食方面的消费水平。其次，交通通信和文教娱乐支出的边际消费倾向较高，分别为0.1379和0.1264，说明他们对交通出行、通信设备和教育文化、娱乐活动等这类发展型消费的需求愿望不断加强，在满足以吃住为主的基本消费之后，他们在这两类支出方面的需求最旺盛。实证结果还发现，城镇低收入居民对衣着的边际消费倾向极低，仅高于其他杂项支出，说明他们对衣着的需求还停留在保暖的基本功用，对服饰的装饰、美化功能要求很低，很少对服装服饰的款式、花色、档次等方面有讲究。

将表3－9中八项分类消费支出的边际消费倾向系数加总得：$\sum_{i=1}^{8}\hat{\beta}=0.7156$，说明2015年中国城镇低收入居民在满足基本需求后，将剩余收入中的71.56%继续用来增加各项消费支出，而剩余的28.44%则用来储蓄。

从消费支出的收入弹性来看，各项支出的收入弹性有所差异。从表3－9可以看到，衣着消费支出的收入弹性最小，说明收入增加对他们衣着的支出影响最小，这个结果和上文的分析相符，即城镇低收入居民对衣着的消费仍然停留在基本需求上，还没有发展到更高层次的衣着需求；另外，食品、居住和医疗保健支出的收入弹性均小于1，说明对城镇低收入居民而言这三项消费品都是刚性需求；其余四项支出的收入弹性均大于1，收入弹性越高，相关支出增长就越快，说明这四项的支出增长率比收入增长率要快，尤其是交通通信支出表现最为明显；此外，城镇低收入居民对家庭设备及用品、文教娱乐的需求也日益旺盛。

消费支出的自价格弹性是指商品支出随自身价格变化而变化的比率。表3－9显示，各项消费品支出的自价格弹性都是负数，说明商品价格与对它的消费需求负相关，价格上升会引起城镇低收入居民相对收入下降，因而会降低对这些商品的需求量。首先是2015年城镇低收入居民在交通通信支出上的自价格弹性最大，其次是文教娱乐消费，这两类商品对自身价格变化非常敏感，所以适当降低这类商品和服务的价格，就可以大幅度增加城镇低收入居民对它们的消费支出。

第四章 本章小结

本章利用全国和各省（市、区）统计年鉴中城镇低收入户的调查统计数据，对城镇低收入居民消费力的发展历史和现状进行了较详细的统计分析。居民消费力是指居民能够购买的数量，它的内涵体现在消费支出和消费结构两个方面，本章分三个小节对这两方面进行分析。从城镇低收入居民消费支出总水平、消费增长率、八项分类消费支出水平和增长率、三种不同需求层次的消费支出进行了详细的分析；对 1992 ~2012 年全国城镇低收入居民分类消费支出占比，即居民消费结构的状况及历年变化分别进行了描述，并且将其与全国城镇居民消费平均水平的变化情况作了比较分析；最后，应用 ELES 模型，选取 2015 年各省（市、区）城镇低收入居民消费和收入数据为样本，对中国城镇低收入居民各项分类消费的边际消费倾向、需求的收入弹性、自价格弹性等进行了建模，用 EViews 8.0 软件进行了实证检验分析。本章分析的结论概述如下：

（1）纵向比，中国城镇低收入居民无论是总消费支出还是分类消费支出，基本上都呈持续高速增长的态势；横向与全国城镇均值比，无论是消费支出水平的绝对值倍增数还是增长速度，都全面落后全国平均水平，尤其是 2000 年之前，人均消费支出额的差距呈逐年拉大趋势。不过近几年差距拉大的势头得到遏制，城镇低收入居民消费支出开始提速，增长速度超过全国均值。

（2）城镇低收入居民的消费结构近年来持续优化，越来越趋于合理，恩格尔系数逐渐下降。不过与全国城镇平均水平相比差距明显，恩格尔系数还有进一步下降的空间。分类消费支出也随经济增长和收入提高逐年提高，纵向与自身历史数据相比，发展速度很快，但这是在全国城镇各个收入组居民消费同样在高速发展背景下取得的；横向相对比较，城镇低收入居民消费发展相对缓慢的特征非常突出。

（3）随着可支配收入增长，城镇低收入居民的消费逐渐由生存型转向享受型和发展型。对三种消费层次的支出变化情况对比分析表明，2000 年以后城镇低收入居民消费结构调整升级的步伐放缓，他们在近年我国经济高速增长期间并没有完全分享到经济成长的成果，未来应该高度重视和密切关注这一被忽视群体消费结构的调整和优化升级过程。

（4）城镇低收入居民消费结构的ELES模型估计结果表明，2015年各地区城镇低收入居民食品消费的边际倾向最高；另外他们在行和住等方面，例如，交通通信和文教娱乐，存在较大的消费需求。

（5）城镇低收入居民在交通通信、文教娱乐方面消费的收入弹性和价格弹性超过1，对收入和价格的变动都极其敏感，只要收入稍微增加或商品价格稍微下降，城镇低收入居民在这两方面的消费需求和消费支出就会大幅增加。

（6）综合来看，对消费力发展的历史和现状分析表明，中国城镇低收入居民消费力的发展不容乐观，存在消费力不足、发展相对落后的问题。

第四章　城镇低收入居民消费力的测算

第三章对中国城镇低收入居民消费力发展的状况分析表明，总体上我国城镇低收入居民的消费力水平，纵向比在逐年增强，横向比发展相对缓慢，存在发展不足、相对落后的问题。本章准备对中国城镇低收入居民的消费力进行测算，从具体测算值的比较来观察、判断他们消费力的发展趋势与强弱程度。

第一节　居民消费力指标体系

第二章对居民消费力的概念做了陈述，并在前人研究的基础上对城镇低收入居民消费力的内涵进行了拓展。可以看到，消费力是一个复杂的概念，用单一的指标无法如实、全面地反映它们的状况，消费力综合评价的主要目标是构建包含多个指标的指标体系。第二章对消费力概念的分析表明，城镇低收入居民消费力是指他们有能力购买的商品和服务的数量，涵括总的消费支出和分类消费支出信息，后者涉及分类消费结构。所以，根据这个内涵，城镇低收入居民消费力的指标体系必须能同时反映消费支出水平和消费支出结构两个方面。

根据这个要求，本书选取八项分类消费支出水平作为基础变量，由它们共同构建组成城镇低收入居民消费力的指标体系。之所以这样做，是因为分类消费本身就是消费结构的统计指标，能很好地契合居民消费力内涵的计量要求；同时这样的指标体系简单明了，数据权威易得，且分类消费支出数据是各级统计年鉴中都有的数据，便于我们采集利用。

如前文所述，《中国统计年鉴》和各省（市、区）统计年鉴将城镇居民消费支出分成八大项，根据这八项分类支出数据，我们可以计算出城镇低收入居民的人均食品支出（PCE_1）、人均衣着支出（PCE_2）、人均居住支出（PCE_3）、人均家庭设备及用品支出（PCE_4）、人均交通通信支出（PCE_5）、人均文教娱乐支出（PCE_6）、人均医疗保健支出（PCE_7）和人均其他用品与服务支出（PCE_8）等指标数据，这八项指标变量共同构成中国城镇低收入居民消费力评价的指标体系。

第二节 居民消费力的测算方法

一、数据的标准化处理

建立指标体系之后，就可以着手进行指标的测算了，本章拟对我国各省（市、区）城镇低收入居民的消费力进行测算，根据上面的指标体系，对城镇低收入居民消费力的测算涉及八项分类消费支出原始数据，这些数据的来源和收集、分类处理以及计算变换等过程，与第三章第一节是一样的。

由于我国各地区城镇低收入居民消费力差距较大，同一指标数值地区差异较大，需要先进行标准化处理，本书采用下面的方法处理：

$$Z_{ij} = \frac{X_{ij}}{\sum_{i=1}^{n} X_{ij}} \tag{4-1}$$

其中，$i=1, 2, \cdots, n$；$j=1, 2, \cdots, m$。在这里，n 表示样本数，m 表示指标数。

二、熵值赋权法的原理

经由指标体系计算得到综合测算值之前，需要先确定各指标的权重。通过上文的分析知道，食品支出在总支出中占比非常大，一度超过 50%，如果不考虑客观现实情况而对八项分类指标都赋予相同的权重来进行评价，显然是不合理的。因此，需要找到一种指标权重确定方法。

指标权重的确定方法通常有主观方法（如层次分析法、专家打分法、经验判断法）和客观方法（如主成分分析法、熵值赋权法），本书选取熵值赋权法来客观确定每个指标的权重。

在信息论中，熵是对不确定性或混乱程度的一种度量，不确定越大，熵值就越大，据此可以根据某个指标的离散程度来判断其对综合评价的影响程度，指标越是离散，对综合评价的影响就越大。因此，在具体评价过程中，先计算各指标的熵值，根据熵值确定熵权，再通过熵权确定各指标的客观权重。

在本章中，评价指标体系中有 n 个评价对象，m 个评价指标，这样就形成 $X=(x_{ij})_{m\times n}$ 形式的多指标评价矩阵，其中，x_{ij} 表示地区 i 的 j 指标的数值。对于指标 x_j，指标值系列 x_{ij} 的内部差距越大，则该指标的差异度越高，熵值越大，熵权越高，在综合评价中的作用和权重就应该越大。熵值赋权法的具体计算过程如下：

1. 对指标原始数据做标准化处理

具体采用式（4－1）来处理，在本章中 n 具体代表地区个数，通过变换后指标值在区间［0，1］，可以直接加总求和以反映区域差异。

2. 计算 j 项指标下地区 i 的指标值占该指标总值的比重

$$P_{ij} = \frac{X_{ij}}{\sum_{i=1}^{n} X_{ij}} \tag{4-2}$$

其中，$i=1，2，\cdots，n$；$j=1，2，\cdots，m$。具体到本章的计算对象有 $n=26$，$m=8$。

3. 计算 j 项指标的熵值 e_j

$$e_j = k\sum_{i=1}^{n} \ln(P_{ij}) \tag{4-3}$$

其中，$k>0$ 且 $k=1/\ln(n)$，$e_j\geqslant 0$。

4. 计算 j 项指标的差异系数 g_j

$$g_j = \frac{1-e_j}{m-E_e} \tag{4-4}$$

其中，$E_e = \sum_{j=1}^{m} e_j, 0 \leqslant g_j \leqslant 1, \sum_{j=1}^{m} g_j = 1$。

5. 求权重

$$w_j = \frac{g_j}{\sum_{j=1}^{m} g_j} \tag{4-5}$$

其中，$1 \leqslant j \leqslant m$。

6. 计算地区 i 的综合得分

$$\tilde{C}_i = \sum_{j=1}^{m} w_j \cdot P_{ij} \quad (i = 1, 2, \cdots, n) \tag{4-6}$$

式（4－6）中，$m=8$，分别表示指标体系中的八项指标；$n=26$，分别表示纳入统计分析的26个地区样本数①；w_j 表示对应指标的权重；P_{ij}表示地区 i 在指标 j 上的标准化值；$\tilde{C}_i$ 表示地区 i 的综合得分。

第三节　城镇低收入居民消费力的测算

按照上述计算方法，将全国各省（市、区）城镇低收入居民八项分类消费人均消费支出的历年实际数据取平均值，得到全部地区八项分类消费支出指标平均值，再运用熵值赋权法计算出对应的熵值 e、权重 w，然后就可以根据式（4－6）计算出综合得分了。

可以看到，根据本章采用的指标体系和测算方法计算出来的城镇低收入居民消费力值是八项分类消费按一定权重汇总得到的加权消费支出水平值，虽然是经过归一化处理的计算值，但是涵括了消费支出的权重结构信息。受篇幅所限，这里仅以2012～2015年中国城镇低收入居民的消费支出统计数据为基础，通过表4－1列出我国各地区城镇低收入居民消费力的测算值，并进行比较分析。

① 在第三章第三节已经说明，在全国除去港澳台之外的31个省（市、自治区）中，甘肃、西藏、河北、湖南、贵州5个省区由于分组数据不全或数据间断太长，无法进行分析，所以全国一共有26个省（市、区）的城镇低收入居民消费支出相关数据进入样本分析。

表4－1　各省（市、区）城镇低收入居民人均消费力测算值和排名

区域	地区	2012年	排名	2013年	排名	2014年	排名	2015年	排名
东部	北京	0.078308	2	0.081543	2	0.087005	1	0.081084	2
	上海	0.100452	1	0.088486	1	0.086818	2	0.083811	1
	浙江	0.076894	3	0.074974	3	0.071817	3	0.074123	3
	江苏	0.054090	4	0.053674	4	0.054285	4	0.056533	4
	福建	0.041368	5	0.042226	5	0.041346	6	0.041859	5
	广东	0.040237	7	0.040443	8	0.038815	9	0.040071	7
	山东	0.040709	6	0.041381	6	0.039190	8	0.039883	8
	辽宁	0.039672	8	0.039317	9	0.040503	7	0.038943	9
	天津	0.038447	9	0.037253	10	0.036659	12	0.038755	10
	海南	0.023181	26	0.024585	24	0.024283	24	0.024269	24
	合计得分	0.533358	—	0.523881	—	0.520720	—	0.519330	—
中部	黑龙江	0.035809	12	0.040818	7	0.041815	5	0.040071	6
	吉林	0.035903	11	0.036314	11	0.037877	10	0.036027	12
	湖北	0.032793	13	0.033781	13	0.031033	15	0.031229	16
	山西	0.031474	14	0.032655	14	0.031502	13	0.031794	15
	河南	0.029401	15	0.029464	18	0.029158	19	0.029913	18
	安徽	0.029024	17	0.029840	17	0.030377	16	0.030853	17
	江西	0.028364	18	0.028057	19	0.027377	20	0.027279	20
	合计得分	0.222767	—	0.230928	—	0.229139	—	0.227166	—
西部	宁夏	0.028364	19	0.029840	16	0.030189	17	0.032358	13
	陕西	0.029212	16	0.030872	15	0.031502	14	0.032170	14
	内蒙古	0.037316	10	0.036126	12	0.036659	11	0.037532	11
	青海	0.025820	20	0.026837	20	0.026908	21	0.027749	19
	四川	0.025726	21	0.025898	21	0.030002	18	0.027091	21
	新疆	0.025443	22	0.024960	22	0.024845	23	0.025962	22
	重庆	0.023276	25	0.024679	23	0.025033	22	0.025303	23
	云南	0.024406	24	0.023365	25	0.021939	26	0.022764	25
	广西	0.024312	23	0.022614	26	0.023064	25	0.022575	26
	合计得分	0.243875	—	0.245191	—	0.250141	—	0.253504	—

注：①数据来自历年各省（市、区）统计年鉴。②在全国31个省（市、区）中，河北、湖南、贵州、甘肃和西藏5个地区因为数据不全无法进行分析，故共有26个地区样本。③熵值赋权法对数据进行了归一化方法的无量纲处理，表中同一年份所有的消费力测算值加总等于1。

从表4-1可以看到，当地城镇低收入居民消费力测算值经常排名前五位的地区有上海、北京、浙江、江苏、福建。在计算期内，得分高于均值（1/26=0.03846）的省份有9~10个，不到全部样本数的一半，可见即使同属于城镇低收入居民，在不同省（市、区），他们的消费力计算值也存在很大差别，区域分化现象明显。

另外，城镇低收入居民人均消费水平与各地区经济实力具有强正相关性。从表4-1来看，东部地区除了海南省外，各省（市、区）城镇低收入居民消费力的计算得分基本上都很高，位居排行榜前列；与之相反的是西部地区，而中部地区则居中。出现这种情况的原因在于，东部地区是我国相对发达地区，北京、上海、广东、浙江、山东等都是经济强省或强市，是全国经济增长的领头羊，是各类商品的重要生产基地和消费市场，也是各类先进制造业和高端服务业的主要输出地，因为经济发达，所以居民整体收入高出全国其他地区很多，区域内部城镇低收入居民的收入和支出也都相对较高；东北部和华北地区是中国传统的老工业基地，经济基础雄厚，区域内天津、辽宁、黑龙江、内蒙古等省（市、区）的城镇低收入居民也表现出较高的消费力；在经济落后、绝对贫困的西部地区，城镇低收入居民的收入最低，综合消费能力在全国居最末。

根据平均距离法对上面的数据进行聚类分析，将26个省份划分为五类(from Class 1 to Class 5)。结果表明，西部地区城镇低收入居民消费力最差。地区城镇低收入居民消费力较强。

第四节　城镇低收入居民消费力不足的测算

上一节对全国各地区城镇低收入居民的消费力进行了计算，并做了区间的横向比较，这个分析能揭示不同省份城镇低收入居民消费力区域间的差异，我们知道了即使同样是归属为低收入群体，省与省之间城镇低收入居民的消费力也是存在明显的差异的。因此，上一节实际上做的是区域差异比较。那么在同一个地区如全国层面上，不同收入阶层的城镇居民，他们的消费能力有没有差异？会有多大差异呢？这种差异其实反映的是同一地区不同收入组城镇居民消费力的差距，可以用来考察居民消费力相对不足问题。而与其他收入组居民消费力的差距大小和变化趋势，可以反映城镇低收入居民消费力不足的程度与发展趋势，我们通过这个方法定量测定和判断中国城镇低收入居民消费力不足的存在与不足程度。下面使用与上一节同样的方法，测算全国城镇按收入分为高中低三组居民的消费力值，并进行比较。计算结果如表 4－2 所示。

表 4－2 全国按收入分三组的城镇居民人均消费力测算值及比较

年份	城镇居民人均消费力测算值			低收入户占其他户的比重		低收入户与其他户的差	
	低收入户	中等收入户	高收入户	低收入户/中等收入户	低收入户/高收入户	低收入户－中等收入户	低收入户－高收入户
1992	0. 2165	0. 3533	0. 4302	0. 6129	0. 5033	－0. 1368	－0. 2137
1993	0. 2279	0. 3407	0. 4314	0. 6689	0. 5282	－0. 1128	－0. 2035
1994	0. 2087	0. 3504	0. 4409	0. 5957	0. 4734	－0. 1417	－0. 2322
1995	0. 2068	0. 3363	0. 4569	0. 6150	0. 4526	－0. 1295	－0. 2501
1996	0. 2149	0. 3377	0. 4474	0. 6364	0. 4803	－0. 1228	－0. 2325
1997	0. 2178	0. 3452	0. 4370	0. 6308	0. 4984	－0. 1275	－0. 2192
1998	0. 2106	0. 3459	0. 4435	0. 6090	0. 4750	－0. 1352	－0. 2329
1999	0. 2106	0. 3081	0. 4812	0. 6836	0. 4378	－0. 0975	－0. 2706
2000	0. 1862	0. 3059	0. 5079	0. 6086	0. 3666	－0. 1197	－0. 3217
2001	0. 1824	0. 3182	0. 4994	0. 5734	0. 3653	－0. 1358	－0. 3169
2002	0. 1618	0. 3192	0. 5190	0. 5069	0. 3118	－0. 1574	－0. 3572
2003	0. 1460	0. 3059	0. 5480	0. 4774	0. 2665	－0. 1599	－0. 4020
2004	0. 1596	0. 2858	0. 5545	0. 5584	0. 2878	－0. 1262	－0. 3949
2005	0. 1369	0. 2781	0. 5851	0. 4922	0. 2339	－0. 1412	－0. 4482
2006	0. 1464	0. 3149	0. 5387	0. 4650	0. 2719	－0. 1685	－0. 3922
2007	0. 1471	0. 3011	0. 5518	0. 4884	0. 2665	－0. 1541	－0. 4047
2008	0. 1384	0. 2988	0. 5628	0. 4630	0. 2459	－0. 1605	－0. 4244
2009	0. 1529	0. 2798	0. 5673	0. 5466	0. 2696	－0. 1269	－0. 4144
2010	0. 1398	0. 2812	0. 5789	0. 4973	0. 2415	－0. 1414	－0. 4391
2011	0. 1540	0. 2889	0. 5572	0. 5331	0. 2764	－0. 1349	－0. 4032
2012	0. 1564	0. 3203	0. 5233	0. 4881	0. 2988	－0. 1640	－0. 3669

注：①数据来自历年的全国统计年鉴。②因为使用了归一化方法进行无量纲化处理，利用式（4－6）计算出来的消费力数值是相对比较值，即同一年份三个收入组居民消费力测算值加总应该等于 1。

观察表4－2和图4－1、图4－2，可以总结三个方面的事实：

（1）从横向比较来看，城镇低收入家庭居民消费力弱于中等收入家庭和高收入家庭。从比值来看，历年来城镇低收入居民消费力值大概只有中等收入居民的1/2到2/3、高收入居民的1/4到1/3（见表4－2中间一栏“低收入户占其他户的比重”）。可见，中国城镇低收入居民的消费力是很低的，城镇低收入居民消费力不足是真实存在的。

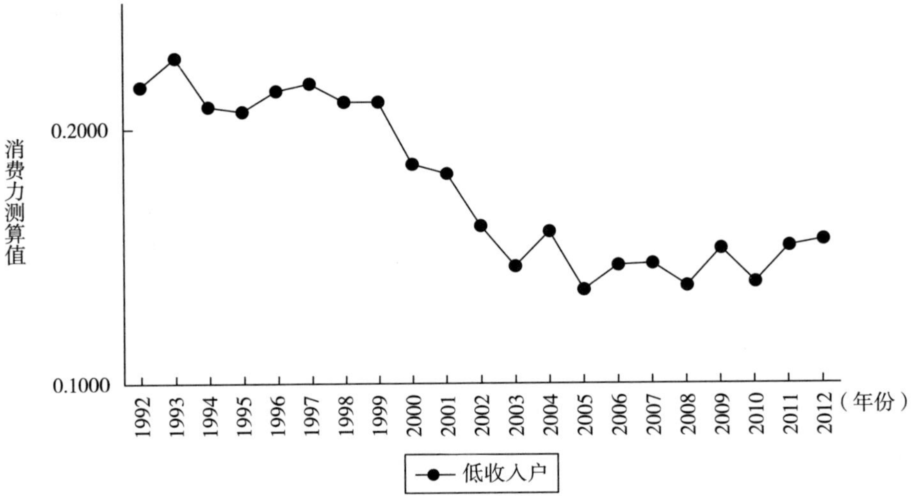

图4－1　城镇低收入居民消费力测算值的变化曲线

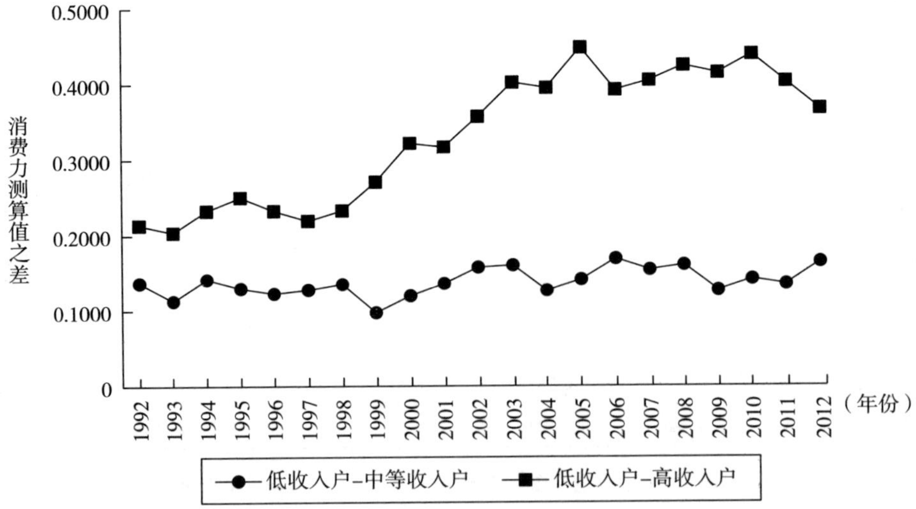

图4－2　城镇低收入居民消费力不足的测算值的变化曲线

从上面的分析可以看到，定量的消费力测算证明了中国城镇低收入居民实际消费力的不足。他们消费力差，不仅是实际消费力低下，还包括有支付能力的消费力不足。因为相对而言，中高收入者尤其是城镇高收入居民在此处表现出来的居民消费力还是有所“保留”的，其有支付能力的潜在消费力高于实际消费力，从这一角度来说，城镇低收入居民的消费力更是远低于其他收入阶层，从而我们可以得出结论：中国城镇低收入居民消费力严重不足。

（2）图4－1绘制了中国城镇低收入居民消费力变化曲线图，曲线的变化可以分为三个阶段，先高位震荡，然后快速下降，最后低位震荡。也就是说，1992～1999年，中国城镇低收入居民消费力在稳定一段时期后，在1999～2005年间，经历了一次快速下降的阶段，之后就一直在低位徘徊，回升乏力。至于中间这段时期，为何我国城镇低收入居民消费力会出现突降，限于时间不足和篇幅所限，此处不做探讨，可以留作将来进一步展开研究。

（3）图4－2展示了统计期城镇低收入居民消费力与中等收入居民、高收入居民消费力差值的变化情况（差值的计算结果见表4－2右边一栏“低收入户与其他户的差”），图中曲线代表城镇低收入居民消费力相对不足程度的变化。总体来看，城镇低收入户的消费力与中等收入户的差距比较稳定，呈缓慢震荡增加的趋势，在2004～2005年差距达到最大，最近几年一直在上下小幅度震荡；而与高收入户的差距变化，则波动幅度相对要激烈得多：1992～2012年，城镇低收入组居民与高收入组居民的消费力差值经历了震荡、快速拉大、再震荡的变化历程。在1999年之前，两者消费力之差是反复震荡的，但是在1999～2005年，城镇低收入户与高收入户消费力值的差值迅速拉大，之后就一直高位震荡、居高不下，向上的曲线说明城镇低收入居民消费力不足的程度加重了。同时联想到上面结论（2）的分析，正好是我国城镇低收入居民消费力突然下降的同一时期，说明这一时期城镇居民消费力呈强者越强、弱者恒弱的两极分化走势。

综合来看，中国城镇低收入居民消费力的这种相对变化说明，他们目前不但面临着消费力不足的困境，而且这种消费力不足的程度还在继续加深（尤其是与高收入组比）。如果不积极应对，城镇低收入居民消费需求不振和消费力不足的问题不仅会积重难返，还有可能继续恶化下去。而在大概1999年之前的一段时期，中国城镇低收入居民的消费力一度缩小了与其他收入组的差距，这也意味着当时经济增长中可能有一些较好的做法和经验值得我们去认真总结和借鉴。

第五节 本章小结

本章根据拓展了的城镇低收入居民消费力的内涵，利用八项分类消费支出变量构建评价指标体系，应用熵值赋权法客观确定指标权重，建立了一套测量中国城镇低收入居民消费力的计量方法，对城镇低收入居民消费力进行定量测算之后发现，中国城镇低收入居民消费力存在明显的地区差异，消费力不足问题严重，且有继续恶化的趋势。本章内容主要按三个部分展开：

（1）利用统计年鉴中城镇居民消费支出的分类支出水平数据，构建测算城镇低收入居民消费力的指标体系；再运用熵值赋权法得到各项指标的客观权重，用权重加总测算和综合评价。通过这样的设计，本书就找到了一种计算城镇低收入居民消费力值的方法。

根据本章对消费力的测算方法，可以看到，消费力值是由八项分类消费按客观权重汇总得到的加权消费支出水平的计算值，反映的是涵括消费支出结构信息的加权消费，比简单的居民消费支出统计数据更能真实地反映城镇低收入居民实际的消费支出水平和消费能力。

（2）经过计算得到城镇低收入居民消费力的具体数值，从而将他们的消费力定量化，并对各省（市、区）之间城镇低收入居民的消费力进行比较，寻找地区上的差异特征。比较发现，按经济增长水平分组的东部、中部、西部三大地区的城镇低收入居民，它们的消费力有显著的差异。虽然同属城镇低收入群体，但是东部地区的城镇低收入居民消费力明显要高于中部和西部，尤其是西部地区的城镇低收入居民消费力最弱。这种区域差异性说明，为增强各地区城镇低收入居民的消费力，需要制定差别化的消费支持政策。

（3）测算全国城镇高中低三个收入组居民消费力的数值，并将城镇低收入居民的消费力与其他两个收入组进行比较发现，城镇低收入居民消费力明显偏弱。历年来中国城镇低收入居民的消费力大概只有中等收入居民的1/2到2/3、高收入居民的 1/4 到 1/3。本章还绘制了中国城镇低收入居民消费力变化曲线，1992~2012 年，城镇低收入居民的消费力经过了平稳发展，之后快速下降，然后一直在低位不振的发展历程。城镇低收入居民的消费力与中等收入居民的差距总体比较稳定；而与高收入居民的差距波动幅度则相对要激烈得多，且差距逐渐扩大，长年居高不下。综合来看，中国城镇低收入居民消费力的这种相对变化趋势说明，其既面临着消费力不足的困境，还面临着情况继续恶化。

第五章　城镇低收入居民消费力不足的原因分析：收入的视角

第三章对中国城镇低收入居民消费力的两个层面——消费支出水平和消费支出结构的发展状况进行了详细的比较分析，结果表明，城镇低收入居民消费的发展相对落后，存在消费力不足。第四章运用定量的方法测算了城镇低收入居民的消费力值，并与中高收入组作了比较，量化方法证明，中国城镇低收入居民的消费力存在严重不足，且有继续加重的趋势。本章和后面的第六章准备对中国城镇低收入居民消费力不足的原因进行探讨，本章主要从收入的视角出发。

从第二章理论基础回顾可以看到，主流消费理论不管发展到哪种程度，收入始终是影响居民消费行为最关键的决定性因素，甚至在早期经典消费理论研究中是唯一的因素。自从 Hall（1978）的随机游走假说引入收入不确定性之后，收入与不确定性就结合起来受到关注，收入不确定性在消费理论中得到深入的研究：预防性储蓄假说、流动性约束假说、缓冲存货模型等都对收入不确定性高度重视。基于对现有研究成果的占有和借鉴，本书认为，收入因素应该是中国城镇低收入居民消费力不足的关键因素。因此，从收入的视角出发，寻找城镇低收入居民消费力不足的原因，是最短也是最有效的途径。本章拟利用第二章介绍的 Carroll 的缓冲存货模型框架，从收入水平和收入不确定性两个方面实证分析收入因素对城镇低收入居民消费力的具体影响。

第一节　城镇低收入居民的收入状况

城镇居民收入通常用可支配收入指标来衡量，可支配收入是指城镇居民的实际收入，是扣减了转移支出、所得税和财产税之后保留下来的那部分收入。本节考察中国城镇低收入居民可支配收入的变化情况，利用的是统计年鉴中城镇家庭的抽样调查数据，数据来源及说明见第三章第一节。

一、收入水平状况

将相关数据经过计算整理后列举在表 5－1 中。从整体来看，我国城镇低收入居民实际人均每年可支配收入整体呈增长趋势；从增长率来看，1985～2012 年，前半期增速较低，经常出现负增长，后半期增速加快，经常出现两位数增速；从收入翻倍的情况来看，2012 年的收入是 1985 年的 4.53 倍。

《中国统计年鉴》中对城镇低收入居民进行了细分统计，从内部三个分组数据来看，在增速上，最贫困的困难户收入增长是最慢的，较低收入户增长相对较快。从收入倍增情况来看也是如此，较低收入户的倍增数是城镇低收入居民中最大的：1985～2012 年，占城镇人口 20% 的低收入居民整体收入平均增长了 4.53 倍；在其内部分组中，占城镇人口 10% 的最低收入户增长了 4.04 倍，其中嵌套包含的占人口 5% 的困难户又仅增长了 3.56 倍，而占人口 10% 的较低收入户增长了 4.92 倍。

表 5－1　以不变价格计算的城镇低收入居民人均每年可支配收入变化

年份	可支配收入（元）				可支配收入增长率（%）				分组/整体均值（%）		
	低收入户	最低收入户	困难户	较低收入户	低收入户	最低收入户	困难户	较低收入户	最低收入户	困难户	较低收入户
1985	366.66	325.93	294.19	407.39	—	—	—	—	88.89	80.23	111.11
1986	354.03	310.86	283.54	397.19	－3.45	－4.62	－3.62	－2.51	87.81	80.09	112.19
1987	379.59	337.18	307.38	422.00	7.22	8.47	8.41	6.25	88.83	80.98	111.17
1988	375.28	331.74	301.09	418.82	－1.14	－1.61	－2.04	－0.75	88.40	80.23	111.60

续表

年份	可支配收入（元）				可支配收入增长率（%）				分组/整体均值（%）		
	低收入户	最低收入户	困难户	较低收入户	低收入户	最低收入户	困难户	较低收入户	最低收入户	困难户	较低收入户
1989	358.72	315.98	285.37	401.46	-4.41	-4.75	-5.22	-4.14	88.09	79.55	111.91
1990	389.59	342.86	310.35	436.32	8.61	8.51	8.75	8.68	88.01	79.66	111.99
1991	427.54	380.56	347.51	474.51	9.74	10.99	11.98	8.75	89.01	81.28	110.99
1992	440.02	384.77	344.91	495.26	2.92	1.11	-0.75	4.37	87.44	78.39	112.56
1993	460.46	401.18	360.03	519.74	4.65	4.27	4.39	4.94	87.13	78.19	112.87
1994	480.80	414.58	367.65	547.02	4.42	3.34	2.12	5.25	86.23	76.47	113.77
1995	515.54	447.81	401.13	583.26	7.22	8.02	9.11	6.62	86.86	77.81	113.14
1996	531.09	461.30	414.32	600.88	3.02	3.01	3.29	3.02	86.86	78.01	113.14
1997	586.60	504.30	448.46	668.89	10.45	9.32	8.24	11.32	85.97	76.45	114.03
1998	603.33	517.07	459.06	689.60	2.85	2.53	2.36	3.10	85.70	76.09	114.30
1999	646.16	553.68	491.90	738.64	7.10	7.08	7.15	7.11	85.69	76.13	114.31
2000	659.52	556.66	487.84	762.38	2.07	0.54	-0.83	3.21	84.40	73.97	115.60
2001	693.82	584.04	513.61	803.60	5.20	4.92	5.28	5.41	84.18	74.03	115.82
2002	637.52	506.97	412.01	768.08	-8.11	-13.20	-19.78	-4.42	79.52	64.63	120.48
2003	684.21	540.29	437.82	828.12	7.32	6.57	6.26	7.82	78.97	63.99	121.03
2004	736.21	578.03	466.98	894.40	7.60	6.98	6.66	8.00	78.51	63.43	121.49
2005	797.08	623.11	496.07	971.04	8.27	7.80	6.23	8.57	78.17	62.24	121.83
2006	892.03	698.93	555.99	1085.14	11.91	12.17	12.08	11.75	78.35	62.33	121.65
2007	1004.00	788.99	629.29	1219.00	12.55	12.89	13.18	12.34	78.59	62.68	121.41
2008	1075.14	843.58	662.71	1306.70	7.09	6.92	5.31	7.19	78.46	61.64	121.54
2009	1201.23	940.76	751.72	1461.69	11.73	11.52	13.43	11.86	78.32	62.58	121.68
2010	1321.65	1032.12	822.34	1611.18	10.03	9.71	9.40	10.23	78.09	62.22	121.91
2011	1445.96	1133.17	889.61	1758.74	9.41	9.79	8.18	9.16	78.37	61.52	121.63
2012	1661.08	1318.21	1046.22	2003.95	14.88	16.33	17.60	13.94	79.36	62.98	120.64
2012/1985	4.53	4.04	3.56	4.92	—	—	—	—	—	—	—

注：①数据来源于历年的《中国统计年鉴》。②不变价格的整理是指全部以城镇居民消费价格指数（1978=100）进行平减。③城镇低收入户（占城镇人口总数20%）由最低收入户（占城镇人口10%，其中又内嵌占城镇人口总数5%的困难户）和较低收入户（占城镇人口总数10%）两个分组数据合并计算而来。④表格最后一行计算的是首尾两个年份数据的倍率比值。

从内部横向对比来看，以城镇低收入居民收入的整体均值为对比目标，1985年最低收入户、困难户、较低收入户收入占整体均值的比值分别为：88.89%、80.23%、111.11%，到2012年这三个比值分别变成79.36%、62.98%、120.64%，低收入的居民，相对收入持续下降，反之较低收入户作为内部收入相对高的群体，相对收入稳步上升，反映出贫富差距的马太效应和收入两极分化程度的加大。

下面对城镇低收入居民收入与经济增长的速度进行比较。全国经济增长速度反映整体的发展趋势和速度，从理论上来讲，经济发展的成果要由全国人民分享，最好的发展是经济增长与居民收入增长同步。从图5－1、图5－2中全国人均GDP增速与城镇低收入居民人均可支配收入增速比较来看，基本上历年全国人均GDP增速都高于城镇低收入居民的收入增长速度，说明城镇低收入居民没有及时、同步享受到全部经济增长的好处。同时城镇低收入居民收入增速的波动性更大，说明其收入增长的稳定性和持续性不强，面临的不确定性风险更大。

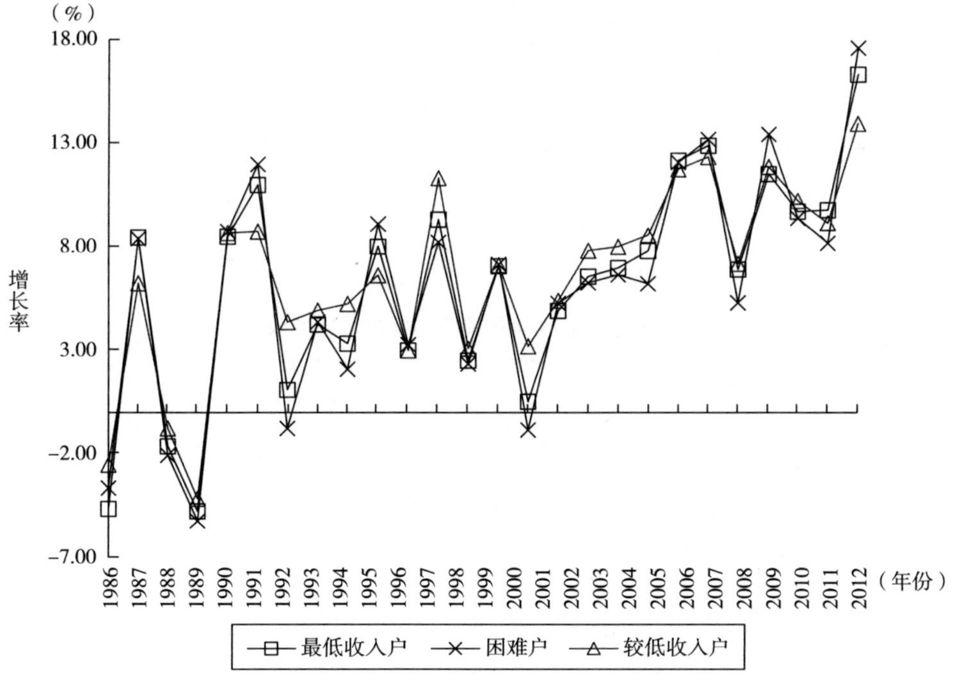

图5－1　城镇低收入居民内部分组人均每年可支配收入增长率曲线

注：资料来源及说明同表5－1，下图同。

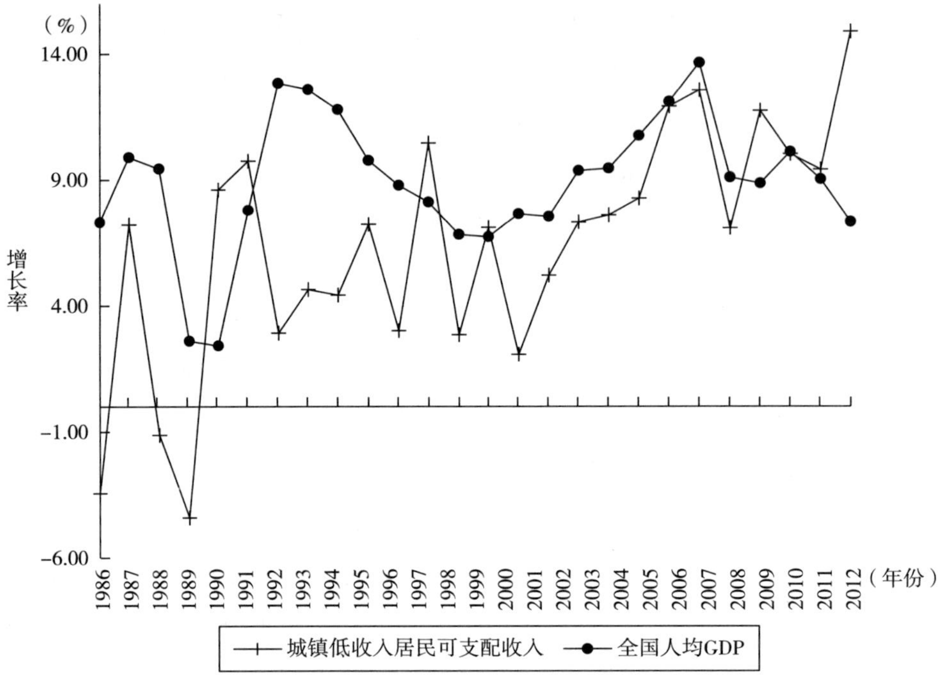

图 5－2　城镇低收入居民可支配收入与全国人均 GDP 增长率的比较

二、收入差距状况

表 5－2 计算了中国城镇三个收入组的居民收入变化情况，并和全国城镇居民平均收入水平进行了比较。

表 5－2　城镇各收入组居民人均每年可支配收入比较

年份	人均可支配收入（元）				收入增长率（%）			
	全国城镇	低收入户	中等收入户	高收入户	全国城镇	低收入户	中等收入户	高收入户
1985	560.66	366.66	554.43	852.65	—	—	—	—
1986	576.52	354.03	543.45	836.24	2.83	－3.45	－1.98	－1.92
1987	586.40	379.59	580.03	899.54	1.71	7.22	6.73	7.57
1988	593.82	375.28	587.08	929.73	1.27	－1.14	1.22	3.36
1989	575.12	358.72	566.68	912.18	－3.15	－4.41	－3.47	－1.89
1990	624.90	389.59	614.77	976.90	8.65	8.61	8.49	7.10
1991	649.08	427.54	652.99	1017.17	3.87	9.74	6.22	4.12

续表

年份	人均可支配收入（元）				收入增长率（%）			
	全国城镇	低收入户	中等收入户	高收入户	全国城镇	低收入户	中等收入户	高收入户
1992	720.60	440.02	707.31	1148.97	11.02	2.92	8.32	12.96
1993	794.20	460.46	767.26	1325.82	10.21	4.65	8.47	15.39
1994	864.37	480.80	831.56	1472.01	8.84	4.42	8.38	11.03
1995	906.18	515.54	873.02	1517.88	4.84	7.22	4.99	3.12
1996	936.49	531.09	899.93	1564.32	3.34	3.02	3.08	3.06
1997	1070.83	586.60	1031.07	1837.69	14.34	10.45	14.57	17.48
1998	1132.58	603.33	1085.38	1966.58	5.77	2.85	5.27	7.01
1999	1238.16	646.16	1183.08	2190.75	9.32	7.10	9.00	11.40
2000	1317.66	659.52	1259.53	2386.20	6.42	2.07	6.46	8.92
2001	1429.38	693.82	1352.86	2655.74	8.48	5.20	7.41	11.30
2002	1621.30	637.52	1435.37	3238.13	13.43	-8.11	6.10	21.93
2003	1767.25	684.21	1558.85	3646.27	9.00	7.32	8.60	12.60
2004	1902.59	736.21	1699.08	4073.92	7.66	7.60	9.00	11.73
2005	2085.67	797.08	1888.56	4569.27	9.62	8.27	11.15	12.16
2006	2303.07	892.03	2080.76	4997.68	10.42	11.91	10.18	9.38
2007	2583.55	1004.00	2331.87	5530.18	12.18	12.55	12.07	10.65
2008	2800.49	1075.14	2569.29	6199.10	8.40	7.09	10.18	12.10
2009	3075.69	1201.23	2845.12	6734.65	9.83	11.73	10.74	8.64
2010	3315.88	1321.65	3072.18	7155.61	7.81	10.03	7.98	6.25
2011	3594.23	1445.96	3321.42	7780.25	8.39	9.41	8.11	8.73
2012	3941.71	1661.08	3690.32	8298.25	9.67	14.88	11.11	6.66
2012/1985	7.03	4.53	6.66	9.73	—	—	—	—

从收入水平的绝对值来看，中国城镇各收入组居民的可支配收入都在稳步增长：1985～2012年，城镇低收入居民的收入从366.66元增长到1661.08元，同期全国城镇居民收入从560.66元增长到3941.71元，中等收入组和高收入组的收入也大幅提高。从收入增长速度的绝对值来看，城镇各组居民可支配收入增速基本上都维持在正值，说明收入在长期表现为持续增长；从增速变化来看，收入在加速增长。

如果不进行横向比较，各收入组居民的收入增长都很乐观，但是如果从总水平和具体增速等角度进行横向对比后就会发现，虽然收入都在高速增长，但是城镇低收入居民与其他组相比存在相当大的差距。

我国城镇低收入居民的收入与其他收入组居民相比，呈现下面四个特点：

1. 绝对收入差距持续扩大

从图5－3可以看到，按收入等级分的三个组的收入曲线，它们之间的开口越来越大，说明收入的绝对值差距越来越大，尤其是2002年以后，高收入分组的可支配收入曲线斜率有明显变大的表现，他们的收入增长进入了快车道。因此，各收入组的绝对收入差距不断扩大。

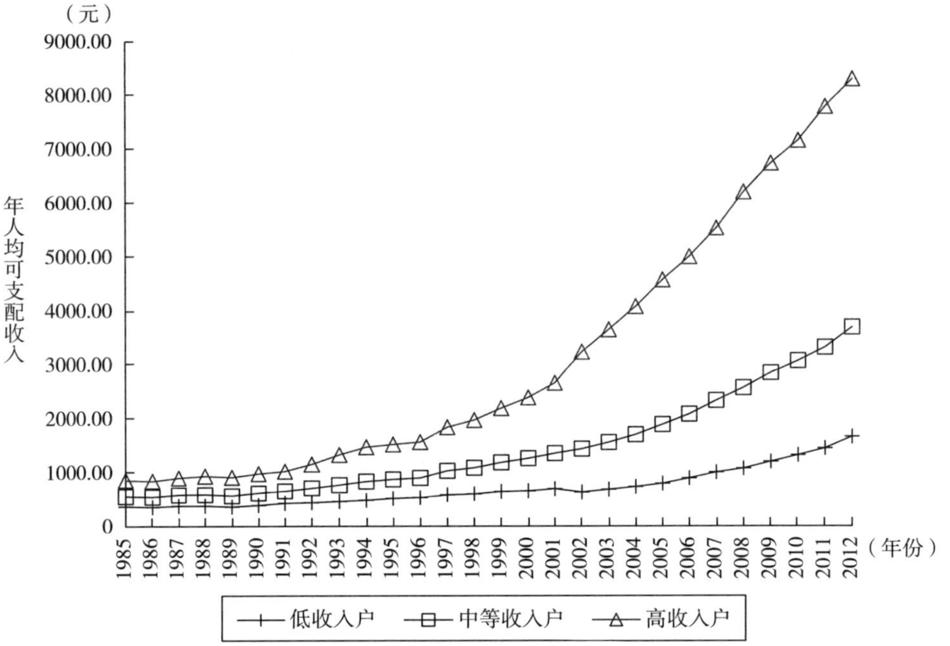

图5－3　不同收入等级城镇居民人均每年可支配收入曲线

注：①从2002年起城市住户调查对象由原来的非农业人口改为城市市区和县城关镇区（城关镇，中国县政府所在地通称）人口，从2002年起相关资料按新口径计算，故2002年与前一年的数据不具可比性，该年增长率不作分析。②不变价格全部以城镇居民消费价格指数（1978＝100）进行平减。

表5－3还计算了各收入组之间收入差距的历年变化数据，数据表明，城镇低收入居民与全国城镇整体，与中等收入、高收入居民之间的收入差距都在连年扩大。1985～2012年，城镇低收入居民与全国的收入差距扩大了11.76倍，与中

等收入居民扩大了 10.81 倍，与高收入居民扩大了 13.66 倍，可见这种收入差距在绝对值上的扩大是非常明显。

表 5－3 城镇各收入组居民收入差距的计算与比较

年份	占全国城镇均值的百分比（%）			低收入户与其他户的收入差（元）		
	低收入户	中等收入户	高收入户	与全国城镇均值	与中等收入户	与高收入户
1985	65.40	98.89	152.08	193.99	187.76	485.99
1986	61.41	94.26	145.05	222.49	189.43	482.21
1987	64.73	98.91	153.40	206.81	200.44	519.95
1988	63.20	98.86	156.57	218.54	211.80	554.45
1989	62.37	98.53	158.61	216.40	207.96	553.45
1990	62.35	98.38	156.33	235.30	225.18	587.31
1991	65.87	100.60	156.71	221.54	225.46	589.64
1992	61.06	98.16	159.45	280.58	267.30	708.96
1993	57.98	96.61	166.94	333.74	306.80	865.36
1994	55.62	96.20	170.30	383.57	350.76	991.21
1995	56.89	96.34	167.50	390.64	357.49	1002.35
1996	56.71	96.10	167.04	405.40	368.84	1033.22
1997	54.78	96.29	171.61	484.23	444.47	1251.09
1998	53.27	95.83	173.64	529.25	482.04	1363.25
1999	52.19	95.55	176.94	592.00	536.93	1544.59
2000	50.05	95.59	181.09	658.14	600.02	1726.68
2001	48.54	94.65	185.80	735.55	659.03	1961.91
2002	39.32	88.53	199.72	983.78	797.84	2600.60
2003	38.72	88.21	206.32	1083.04	874.64	2962.06
2004	38.70	89.30	214.13	1166.38	962.87	3337.71
2005	38.22	90.55	219.08	1288.60	1091.48	3772.20
2006	38.73	90.35	217.00	1411.03	1188.72	4105.65
2007	38.86	90.26	214.05	1579.55	1327.88	4526.18
2008	38.39	91.74	221.36	1725.35	1494.15	5123.96
2009	39.06	92.50	218.96	1874.46	1643.89	5533.42
2010	39.86	92.65	215.80	1994.23	1750.53	5833.96

续表

年份	占全国城镇均值的百分比（%）			低收入户与其他户的收入差（元）		
	低收入户	中等收入户	高收入户	与全国城镇均值	与中等收入户	与高收入户
2011	40.23	92.41	216.47	2148.27	1875.47	6334.29
2012	42.14	93.62	210.52	2280.63	2029.24	6637.17
2012/1985	—	—	—	11.76	10.81	13.66

2. 相对收入差距先扩大后缩小

从图5－4居民收入占比数据来看，收入差距的变化可以分为两个阶段：2000年之前，城镇低收入居民收入与其他组收入的比值呈快速降低的走势，说明2000年之前城镇低收入居民的相对收入在快速下降，他们的收入没有得到应有的增长；2000年之后，相对收入比值呈现水平震荡甚至小幅抬升的趋势，说明近年来城镇低收入居民与其他收入组居民的相对收入差距扩大趋势得到较好的遏制，甚至出现扭转。图5－5显示的收入增长率曲线图也说明了这种变化：在最近几年，城镇低收入居民收入增长有提速迹象，相对收入差距开始缓慢缩小。

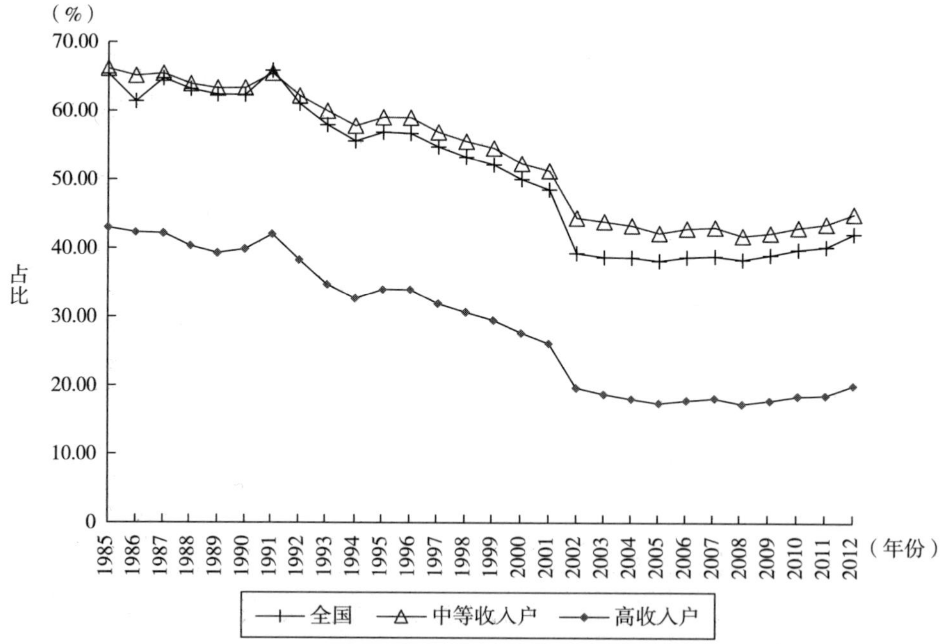

图5－4　城镇低收入居民人均可支配收入占其他收入组居民的百分比

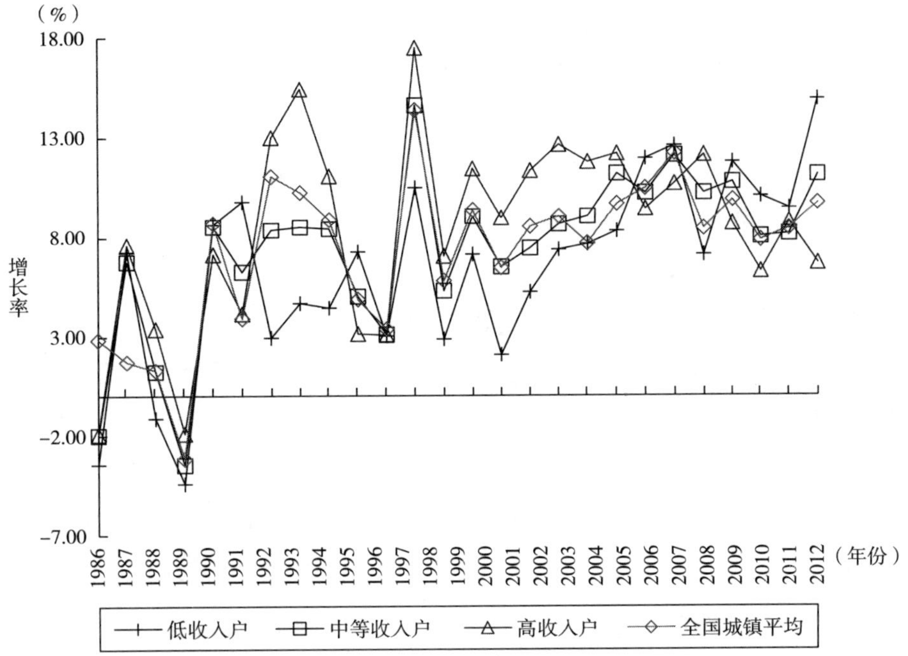

图 5-5　城镇居民人均每年可支配收入增长率曲线

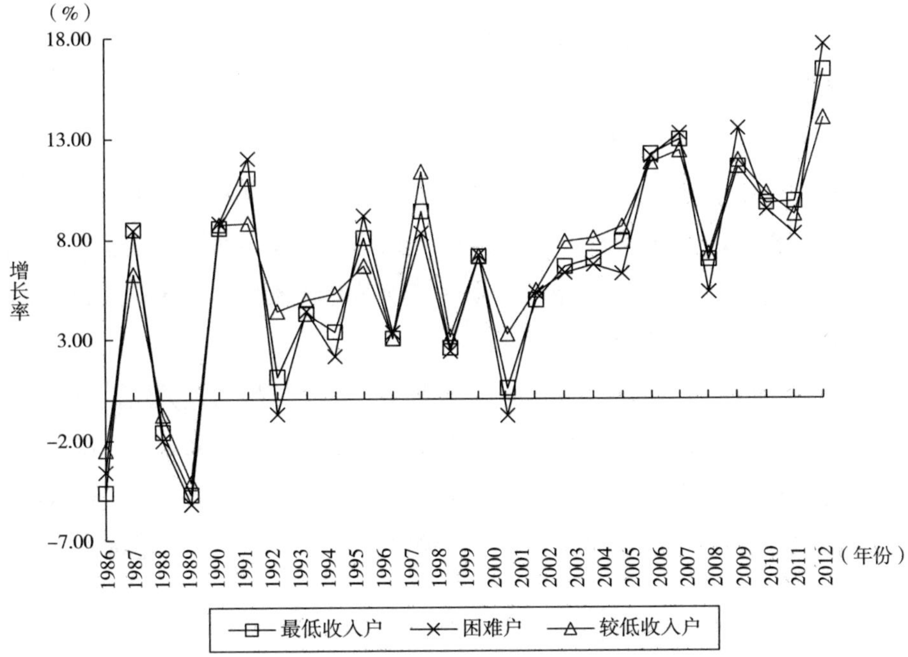

图 5-6　城镇低收入居民内部分组的收入增长率曲线

3. 收入增长速度长期落后

从相对增长速度来看，城镇低收入居民收入增长缓慢，长年落后于其他收入组。图5－5绘制并比较了增长速度曲线的差异，从图中可以看到，除了最近几年城镇低收入居民收入有明显提速之外，在过去大多数年份，他们的收入增速与其他收入组居民比起来都是垫底的。

4. 收入差距外部大于内部

比较城镇低收入居民内外部收入差距的变化（见图5－5、图5－6），内部细分的三个收入组居民收入变化的差异程度很小，内部收入的两极分化速度和程度要弱于外部。相对内部，城镇低收入居民与全国城镇居民，与中等收入居民、高收入居民的收入水平差距更大，分化的速度也更快。1985～2012年，全国城镇居民人均每年可支配收入增长了7.03倍，城镇低收入居民、中等收入居民、高收入居民的收入分别增长了3.53倍、5.66倍、8.73倍（见表5－2）。以全国城镇居民收入为比较对象，1985年，城镇低收入居民、中等收入居民、高收入居民收入分别占全国城镇人均值的65.40%、98.89%、152.08%；到2012年，这三个比值变成42.14%、93.62%、210.52%（见表5－3）。由此看出，三个不同收入组的城镇居民收入差距在显著扩大。数据反映出马太效应，富者越富，收入越高的群体，他们的收入增长也越快。

综上所述，自20世纪90年代初期以来，从收入差距的绝对值来看，城镇低收入居民与城镇其他收入组居民的收入差距一直在扩大，贫富差距逐年拉大的现象突出；从相对变化来说，则表现为两阶段特征：收入相对差距前期明显逐渐扩大，后期基本维持稳定。由此可见，城镇居民收入两极分化现象严重，低收入居民的收入增长情况不容乐观。

可喜的是，近年来国家对城镇低收入居民收入增长问题非常关注，对居民贫富差距扩大的现象高度重视，采取了积极的措施，并且从数据上来看，取得了一定的成效，不过这也只是遏制了收入差距进一步扩大的发展势头，要完全实现低收入居民收入增长快于其他收入组居民，逐渐缩小绝对收入差距，还任重道远。

第二节　城镇低收入居民面临的收入不确定性

改革开放之后，我国经济社会全面转型转轨，具有中国特色的社会主义市场经济体制开始逐步建立，许多制度处在过渡期和试错调整阶段，“摸着石头过河”的改革模式造就了众多的不确定性以及不确定性预期，包括收入和支出两方面的不确定性，这些都使城镇低收入居民难以忍受。本章首先关注城镇低收入居民遇到的收入不确定性，他们的支出不确定性则放到下一章分析。城镇低收入居民面临的收入不确定性主要来自以下四个方面。

一、社会转型

改革开放初期，我国城镇居民还延续享受着计划经济时代的诸多福利，如住房、医疗、养老和子女教育、粮油布衣煤炭等吃穿住用补贴等，包括城镇低收入居民在内，他们的收入来源和增长都比较稳定，对未来收入的预期也相当确定。过去这种完善的福利和稳定的保障，对城镇低收入居民是一个福音，由于自身在身体、家庭、素质、技能、心理等方面条件的劣势或限制，城镇低收入居民处在城镇社会底层，收入低，增收能力弱，抗风险能力差，过去稳定的就业、平均主义的收入分配和齐全周到的福利保障可以基本保证他们有较稳定的收入来源。

改革开放持续深入推进之后，在市场化导向的改革过程中，优胜劣汰的竞争机制备受推崇，具有浓厚计划经济色彩的、全方位的福利保障体制被快速瓦解。转型转轨造成的居民福利消失和社会保障缺失，对城镇低收入居民的收入来源和收入增长都产生了巨大影响，大幅度降低了他们的收入水平，使他们“跌入”低收入这一群体当中。

改革开放还打破了因循守旧带来各种各样的不确定性。在改革过程中，大多数普通百姓对未来政策走向都不具有预见能力，同时某些政策的实际实施效果与设计初衷也会有所偏差，这些都是产生不确定性的重要原因。市场经济本身的优胜劣汰机制也推动了社会两极分化发展，对各类不确定性的出现起到推波助澜的作用。因此，一方面，社会改革降低了城镇低收入居民的收入水平；另一方面，社会改革还给城镇低收入居民带来巨大的收入不确定性以及对未来收入不确定的悲观预期。

二、失业风险

由于主客观方面的原因，城镇低收入居民的就业竞争力很低，一般都在城镇工作岗位生态链条的底端，从事简单的体力劳动，而且往往是从事比较劳累、环境脏乱差的工作，他们的付出与收入往往不成正比。随着经济社会的发展，竞争越来越激烈，即使是这样辛苦的工作，城镇低收入居民也面临着失去的风险。具体来讲，他们面临的失业风险主要来自四个方面。

1. 市场经济体制充满失业风险

市场经济是优胜劣汰、竞争激烈的经济，竞争使市场经济中时刻都存在失业风险。一方面，伴随市场经济体制的逐步确立，国企改革不断深化，由于减员增效和结构性调整，大量国企员工下岗待业，而城镇低收入居民是下岗的主要目标群体，大量的低收入居民因此失去了“铁饭碗”；另一方面，即使是没有失业或者失业后再就业，由于劳动力就业市场存在激烈竞争，再也不能“一次就业、终生无忧”，他们时刻都面临着失业的风险。

2. 就业竞争力不足影响充分就业

我国人口基数大，剩余劳动力数量多，尤其是农村劳动力过剩一直居高不下，大量的农民工涌进城镇，常年居住在城镇里面和城镇居民尤其是城镇低收入居民竞争工作岗位，农民工有年龄和体力的优势，城镇低收入居民与他们相比缺乏竞争力，在体力劳动岗位上竞争不过这些青壮年的农民工；同时我国经过教育产业化发展，全民教育水平大幅提高，劳动力技能普遍有较大提高，而许多年老体弱的城镇低收入居民在适应工作岗位需要和新技术要求方面，反而不如后来新增的就业者。这样两方面的原因决定了城镇低收入居民劳动力竞争力不足，造成他们就业率不高，很多时候即使是想工作都找不到合适的岗位，只能待业在家。

3. 经济结构调整造成结构性失业

结构性失业是指在社会整体就业需求增加的情况下，有一些不合时代发展需要的产业会成为“夕阳产业”，它们的就业需求仍然会不断萎缩，从而造成相关行业从业人员的失业。过去 40 年，我国经济高速增长，产业结构快速调整和持续优化，许多落后淘汰产业中存在大量的结构性失业，很多结构性失业者都是低收入居民，这些情况导致了在经济增长的同时却有相当一部分城镇低收入居民反而失去了工作。

4. 技术进步替代简单劳动造成失业

从目前来看，科技进步对劳动力的替代作用正日益显现，由于信息技术、人工智能和智能制造正在日新月异的飞速发展，越来越多的制造业生产加工厂和服务场所使用智能机器人进行智能化、信息化、自动化生产操作和服务，尤其是一些依靠简单重复劳动的工作岗位，技术替代人的“无人化”现象越来越普遍。这类替代对城镇低收入居民的就业造成明显的冲击，减少了适合他们的职业岗位，因为目前技术代替人的岗位主要集中在中低端，而这正是城镇低收入居民就业的主要方向，所以技术进步替代简单劳动的趋势，对城镇低收入居民这一群体有着更严重的影响，是导致当前我国城镇低收入居民就业形势严峻的另一个原因。

综上所述，城镇低收入居民属于高失业人群，失业的那部分居民会失去稳定的收入来源；同时，在岗的那部分居民在激烈的市场竞争中也面临着巨大的失业风险。这些都造成很高的收入不确定性预期，给城镇低收入居民带来高度的不安全感和焦虑感，对他们的消费心理形成巨大冲击，对他们的消费决策和支出行为产生消极影响。

三、收入差距

收入不确定性又一原因源是收入差距过大和收入差距持续扩大。收入差距过大，以及收入差距一直在持续过大，会增加居民收入的不确定性，尤其是增加低收入居民收入的不确定性，同时给低收入居民带来对未来收入增长缓慢、收入相对下降的不安全感、焦虑感和恐慌感。上一节详细对比分析了城镇低收入居民与其他收入组居民收入差距的变化情况，可以看到，近年来中国城镇居民内部收入差距依然过大，且对城镇低收入居民来说，绝对收入差距一直在持续扩大，这种不利的变化趋势增强了他们对收入不确定性的感受，同时带来对未来收入增长的悲观预期。

四、流动性约束

目前，我国金融市场还不够完善，对城镇低收入居民各类消费的支持作用和力度还很小，他们的消费经常受到很大的流动性约束，也增强了低收入居民对收入不确定的感受。究其原因有以下三点：

1. 金融市场还不发达和完善

当前我国金融市场还很不完善，个人信贷集中在住房贷款上面，其他各类消费信贷品种很少，而且这些品种设计目标群体多数都是针对中等收入以上居民群体的。从我国城镇低收入居民自身来说，在他们当中信贷行为相对少见，例如，就算是现在非常普遍的个人信用卡业务（个人消费信贷的主要载体），在城镇低收入居民当中尤其是一些年纪偏大的低收入居民当中都没有得到普及发展，许多城镇低收入居民根本没有办过信用卡。

2. 个人信用体系有待建设，个人信用度有待提高

目前我国正处在全社会信用体系建设和完善时期，尤其是居民个人的信用体系正在逐步完善，虽然由于互联网大数据技术的发展推动了信用体系建设的步伐，但是由于城镇低收入居民多数是一些远离社会最新发展科技的人，他们的信用体系建设和完善相对难度高得多。同时，由于收入低，未来增收能力差，直接导致借贷后的还贷能力差，因此，城镇低收入居民基本上都是信用度较低的群体。也正是出于这些原因，他们在消费过程中想依靠金融系统的借贷来缓解流动性约束的难度很大，甚至基本上不可能，这样就直接造成相对其他收入组居民来说，城镇低收入居民的消费行为更易受到流动性的约束。

3. 个人之间的借贷行为比较少

城镇低收入居民由于自身主客观原因生活在城镇社会的底层，他们家庭贫困，生活困难，普遍处在人情淡薄、没有能力经营社会关系网络的困境之中，这些困难造成城镇低收入居民个人之间、邻里之间的借贷行为很少，也使他们遭遇的流动性约束无法通过有效途径缓解，抑制了他们的消费活动和消费支出。

第三节 收入水平和收入不确定性影响城镇低收入居民消费力的实证分析

根据第二章对西方消费理论的回顾，本节采用Carroll的缓冲存货模型，将居民收入水平和不确定性同时纳入模型当中，从实证上定量分析居民收入水平和收入不确定性对城镇低收入居民消费力的影响。

一、基础模型——Carroll的缓冲存货模型

在第二章第一节中，已经对Carroll的缓冲存货模型做了简单的介绍，在该模型中，个体最优化行为用公式表示为：

$$U = \max E[\sum_{t=0}^{T} \beta_t u(C_t)] \tag{5-1}$$

其中，U表示效用，E表示期望，$\beta=1/(1+\delta)$表示时间折现因子，δ表示时间偏好率。Carroll的缓冲存货模型包括两个关键假设：流动性约束和缺乏耐心。也就是说，消费者无法做到负债消费，必须保证财富$W_t \geqslant 0$；同时，消费者缺乏耐心，这意味着时间偏好率（δ）大于利率（r）。

缓冲存货模型比较符合实际的消费情况，但是它不存在解析解，因为它是以常数相对风险厌恶效用函数（Constant Relative Risk Aversion，CRRA）为基础的，没有办法直接做实证分析。针对这一难题，Carroll和Samwick（1997，1998）用倒推法（Backward Induction）对模型进行模拟，经过计算后得到财富收入比W_t/I_t与收入不确定性ω_t之间的关系：$W_t/I_t=\alpha_0+\alpha_1\omega_t$，也可以写成：

$$W_t=\beta_0+\beta_1 I_t+\beta_2\omega_t \tag{5-2}$$

式（5-2）加上随机误差项，就是Carroll的缓冲存货模型的基础形式。

二、基础模型的转换

由于很难获得居民财富W的数据，而中国素来有“量入为出”的消费传统，

居民消费支出一般与他们拥有的财富成正比，杭斌（2009）认为，可以考虑在式（5－2）中使用居民消费支出变量作为财富变量的替代。对于本书关注的主体——城镇低收入居民来说，多数情况下他们的消费都面临“入不敷出”的窘境，第三、第四章“居民消费力”的定性、定量分析也都证明中国城镇低收入居民存在严重的消费力不足，个人和家庭的消费需求难以充分满足，相比较其他收入组居民尤其是高收入居民来说，城镇低收入居民的消费行为和他们财富的拥有水平相关度更高。所以对于本书的研究对象来说，在财富变量 W 的数据难以获取的情况下，用消费支出变量替代是合理可行的。因此，本书在此用消费支出 C 替换 W，再加上随机误差项，将式（5－2）转变为：

$$C_t = \beta_0 + \beta_1 I_t + \beta_2 \omega_t + \mu_t \tag{5-3}$$

式（5－3）的含义与缓冲存货模型一致，即每个家庭都有一个与其收入相适应的消费支出或财富储蓄目标。式（5－3）揭示了消费支出和收入水平及收入不确定性之间的关系，同时该式也意味着家庭消费的效用在时间上是分离的，消费者各期消费只影响当前消费，不考虑对后期消费的影响。在第六章会引入消费习惯（即习惯形成）来进行消费支出的滞后影响效应分析。

对于收入的不确定性，考虑到研究对象——城镇低收入居民的低收入特征，此处以城镇居民之间收入差距（Income Gaps，G）变量来衡量。因为收入差距（或收入不平等）的扩大会给人们带来不安全感和不稳定感，使人们对收入不确定性的风险感受增强，影响他们的消费决策和支出行为。在式（5－3）中引入变量 G，经过整理后可得到：

$$C_t = \beta_0 + \beta_1 I_t + \beta_2 G_t + \mu_t \tag{5-4}$$

式（5－4）是居民消费支出与居民收入水平和以收入差距度量的收入不确定性关系的函数模型。

本书第四章的分析表明，居民消费力变量（本书以 $\widetilde{C}$ 表示）计算的是分类消费支出的客观加权支出水平（数据经过用归一化方法无量纲化处理），是可以替代居民消费支出水平变量（C）的一个更好的指标，因此，将消费力变量 $\widetilde{C}$ 代入式（5－4）经过转换得到新的模型，更能贴近实际反映收入水平和收入不确定性对居民消费的影响。将 $\widetilde{C}$ 代入式（5－4），得到：

$$\widetilde{C} = \beta_0 + \beta_1 I_t + \beta_2 G_t + \mu_t \tag{5-5}$$

式（5－5）将作为中国城镇低收入居民消费力受收入水平和收入不确定性影响实证分析的理论模型。

三、数据来源和处理说明

1. 数据来源

由于时间跨度大，《中国统计年鉴》中的相关数据统计口径有所变动，考虑到数据质量和容量，以及样本数量的原因，全国层面城镇低收入居民消费的相关数据不足以支持对上述模型进行计量分析，所以本节准备利用各省（市、区）统计年鉴中的地区数据组成时间面板数据来进行实证分析①。基于2002年统计口径发生调整的事实，本节采用2002～2015年的数据进行研究，这样就避免了数据统计口径不一致的问题。

2. 数据处理

（1）按居民收入水平分组。数据按居民收入分组的人口比例法见第二章第二节。从各个地区统计年鉴来看，城镇居民一般按照每人年均可支配收入分成七个收入等级或五个收入等级，即“七分法”或“五分法”，这两种划分方法本质上是一致的，总体来说七分法较多，但是也有少数省市如北京市、上海市、四川省等在全部年份或部分年份分成五个收入等级。

（2）按地区经济增长水平分组。数据按地区经济水平分组的方法见第三章第三节。本章样本地区一共有26个省份，式（5－5）中各变量使用的原始数据是2002～2015年的，所选取的数据指标包括历年按城镇居民收入组划分的可支配收入和消费性支出。同时，对消费和收入的原始数据均以2002年为基期，将名义量以2002年的各省（市、区）城镇居民消费价格指数换算成实际量，以消除价格因素的影响，必要时对这些数值做对数变换并取一阶差分。

四、变量含义和计量方法

本章拟对选取的26个省（市、区）按传统区域划分方法分为东中西部地区

① 从2003～2016年我国各省（市、自治区）统计年鉴中，可以获取到2002～2015年各省不同收入等级城镇住户的调查数据。当选取样本数据时，在全国除去港、澳、台之外的31个省（市、自治区）中，河北省、湖南省、贵州省、甘肃省和西藏自治区5个省区由于分组数据不全或数据间断太长而没被选入样本，纳入分析的省（市、区）一共有26个。

三大组来分析，这三大地区也是经济增长水平不同的地区。同时，为综合利用所有分省地区的资料，我们也将分省数据样本集合汇总，得到全国城镇低收入居民按地区汇总的所有样本数据，构成全国汇总的一个数据组，这样就一共有四组数据进入计量分析。

在式（5－5）中加入分组的参数和误差项后，最终建立如下模型：

$$\widetilde{C}_{k,i,t}=\beta_0+\beta_1 I_{k,i,t}+\beta_2 G_{k,i,t}+\mu_{k,i,t} \tag{5-6}$$

具体来看模型（5－6）中的变量参数，k 用来表示数据分组，即全国和东中西部三大地区，$k=0$，1，2，3，分别表示全国总体和经济发展水平由高到低分组的三个地区，依次就是东部、中部和西部地区；i 表示分组内具体的省（市、区）；t 指不同年份，根据所采用样本数据的年度范围，$t=2002$，2003，…，2015。

居民收入变量 $I_{k,i,t}$ 用城镇居民可支配收入来计量；β_1 表示 $I_{k,i,t}$ 对消费的影响，即消费变动对收入的敏感系数，也是收入弹性系数；β_2 表示衡量收入不确定性指标——城镇居民收入差距 $G_{k,i,t}$ 的影响系数；$\mu_{k,i,t}$ 表示随机误差项。

这里需要确定的是用什么方法来度量城镇居民收入差距。在现有文献中，常用人均收入比值（或差值）衡量不同主体之间的收入差距，这一衡量方法过于简单，没有考虑到人口比重和其他因素。其他常用来度量居民收入差距的指标还有基尼系数和泰尔指数，最常见的指标是基尼系数，但是比较而言，基尼系数对中间阶层收入的变动比较敏感，同时由于收集不到有关基尼系数的地区面板数据，所以这里无法采用。泰尔指数按其定义能直接计量不同群体之间的收入差距，而且它对两端分组（高收入组和低收入组）的收入变动比较敏感。在本章第一节的分析中，我们正好发现，中国城镇居民收入两极分化比较严重，居民间收入差距更多地体现在高收入和低收入两组居民的比较上。综合考虑这些情况，本书在此处选择泰尔指数作为度量我国城镇居民收入差距的指标。

泰尔指数是 Theil（1967）在广义熵指数基础上提出来的，它应用到本书的具体计算公式如下：

$$Theil_{i,t}=\sum_{j=1}^{3}\left\{\left[\frac{I_{j,i,t}}{I_{i,t}}\right]\ln\left[\frac{I_{j,i,t}}{I_{i,t}}\Big/\frac{P_{j,i,t}}{P_{i,t}}\right]\right\} \tag{5-7}$$

其中，$j=1$，2，3，分别表示城镇低收入、中等收入和高收入居民三个分组；i 表示样本内的各省（市、区），t 表示不同年份；$I_{j,i,t}$ 表示地区 i 的 j 组居民

在 t 年的收入，$I_{i,t}$ 表示地区当年总收入；P 表示人口数，$P_{j,i,t}/P_{i,t}$ 表示人口占比。

首先，根据第四章式（4－6）计算各省（市、区）城镇低收入居民的消费力值；然后根据式（5－7）计算出泰尔指数值，作为模型（5－6）相应变量的指标数据，将模型（5－6）中数据按照需要做对数变换后进行分析。

模型（5－6）是静态的面板数据模型，利用 EViews 8.0 对其进行豪斯曼（Hausman）检验，结果表明，地区直接汇总的全国数据适合用固定效应变截距估计；而分组地区数据（包括东中西部共三组）因样本量较少适合用随机效应模型来估计。

五、实证结果和结论分析

利用四组数据对模型（5－6）分别进行面板数据回归估计，估计结果见表5－4。从表5－4中的估计结果可以解读出以下三个结论：

表5－4　城镇低收入居民消费力模型（5－6）的回归估计结果

系数	变量	固定效应	随机效应		
		全国	东部	中部	西部
β_0	常数项	0.307***	0.406***	0.255***	0.318***
		(0.000)	(0.001)	(0.028)	(0.003)
β_1	$\ln I_{k,i,t}$	0.932***	0.862***	0.969***	0.923***
		(0.000)	(0.000)	(0.000)	(0.000)
β_2	$\ln Theil$	－0.081*	－0.041*	－0.105*	－0.138*
		(0.091)	(0.083)	(0.074)	(0.056)
R^2		0.993	0.988	0.991	0.970
F		2977.487	2496.268	2123.144	708.870
		(0.000)	(0.000)	(0.000)	(0.000)
随机效应		0.0037	0.9942	0.9999	0.1405

注：括号中数字为 p 值，*、** 和 *** 分别表示在10%、5%和1%显著。

（1）常数项 β_0 的估计结果显示，各地区城镇低收入居民的自主消费力从高到低依次为东部0.406、中部0.255、西部0.318，全国汇总的均值为0.307。所谓自主消费力，在此处指除受收入水平和收入不确定性影响之外的那部分消费力，p 值检验表明这些结果都是显著的。自主消费的不同反映了不同地区城镇低收入居民在消费偏好、价格敏感性和社会消费习惯方面等存在较大差异。

（2）可支配收入对城镇低收入居民消费力的拉动作用是非常显著的，表 5－4β_1 的估计结果显示，收入对四个统计组城镇低收入居民消费力的拉动系数（也是消费力的收入弹性，均是非常显著的）分别是 0.932、0.862、0.969、0.923，各区域收入弹性系数都非常大，再次印证了可支配收入对提高城镇低收入居民消费力的关键作用和决定性影响。

从系数值的比较来看，首先是收入增长对中部地区城镇低收入居民消费力的提升作用最大，其次是西部地区，对东部地区的消费力提升反而相对最小。如果联系到东中西部三大地区经济发展的相对水平，可以说中西部地区城镇低收入居民消费正处在启动阶段，而东部地区整体相对富裕，虽然同属城镇地区的低收入阶层，但是东部地区的低收入居民收入水平比中部和西部都要高。估计的结果支持凯恩斯的经典消费理论，东部地区城镇低收入居民消费的边际倾向应该低于中西部地区，相对而言，收入的增长对前者消费的拉动作用弱于后面两个地区。但是，比较中部地区和西部地区城镇低收入居民消费的收入系数，中部地区要比西部地区高，即收入水平的增长，对中部城镇低收入居民的消费拉动作用是相对最大的。究其原因，可能在于消费的增长速度还受其他因素的影响，这些因素的共同作用可能使消费增长曲线呈“倒 U”形，即消费增长过程会表现启动—加速—稳定这样一个规律，在发展的中间阶段存在一个飞速增长期。中部地区近年来发展开始提速，尤其是城镇化速度很快，是我国经济增长最有潜力和活力的区域，该区域城镇低收入居民的消费增长已经由启动发展阶段过渡到高速增长阶段，西部相对而言还处在启动发展阶段，所以近年来收入增长对中部地区城镇低收入居民消费的拉动作用表现最为显著。

（3）以收入差距作为收入不确定性的代表变量观察它的影响，结果发现，对于全国和东中西部三大地区来说，收入差距引发的收入不确定性对城镇低收入居民消费起到抑制作用，从系数的估计值来看，引发不确定性的收入差距每扩大 1%，对城镇低收入居民消费力的抑制作用，在全国会降低他们消费力的 0.081%，会降低西部的 0.138%、中部的 0.105%，以及东部的 0.041%。

分析结果表明，收入不确定性对城镇低收入居民消费力的作用存在地区差异：东部地区受影响最小，而西部地区受影响最大。究其原因，与各地区收入不确定性的大小有关。本章上一节分析了收入不确定性产生的原因，对照这几个原因发现，东部地区作为我国市场经济先行先试、发展最好最快的地区，在制度设计和政策供给上占据先机，社会和经济改革更快更彻底，而且因为经济相对发达，有更多的实力来对城镇低收入居民进行补贴救助，这些原因综合起来使东部地区的城镇低收入居民不仅收入水平相对较高，而且他们对收入增长的预期也相对稳定得多，因此，收入不确定性对他们消费的抑制作用也就相对最弱。

第四节 城镇低收入居民消费力不足的收入原因

从上述得到的收入因素的分析结论可以看出，居民收入是决定居民消费力强弱的关键因素。中国城镇低收入居民可支配收入偏低，当前受收入不确定性影响过大，是造成他们居民消费力不足的主要原因。具体来说，城镇低收入居民消费力不足在收入方面的原因有以下两点。

一、收入水平的支配效应和决定性影响

从实证分析的结果来看，收入水平对城镇低收入居民的消费力起着支配作用。这种支配作用说明，收入水平决定城镇低收入居民消费力的强弱。

本章前半部分对城镇低收入居民的收入水平进行了统计分析，并与其他收入组居民进行比较，结果发现，城镇低收入居民的可支配收入很低，相对增长缓慢，与其他收入组居民的可支配收入差距较大。由此可见，收入水平低是城镇低收入居民消费力不足的决定性原因，实证分析的结果表明，再怎么强调和突出收入水平在城镇低收入居民消费活动中的作用都不过分。

二、收入不确定的叠加效应和削弱作用

本章的分析结果发现，现阶段收入不确定性对城镇低收入居民消费力有显著

的负作用，是造成城镇低收入居民消费力不足的明显原因。收入不确定性的负面影响表现在两个方面：

1. 叠加效应

本章分析了城镇低收入居民面临的收入不确定性产生的几个原因，这些原因基本上都指向将来城镇低收入居民的收入水平将增长缓慢、相对下降，这对于原本就收入很低的城镇低收入居民来说，无疑是雪上加霜。对未来收入增长预期的悲观，实际上就是相当于在心理上降低了他们现期的收入水平，会引发他们谨慎、保守的消费行为。当期收入水平低叠加未来收入水平低，造成了城镇低收入居民很弱的消费力。

2. 削弱作用

收入不确定性还意味着预期的不稳定性和高风险，多数居民消费行为都是保守的，尤其是抗风险能力很差的低收入居民，他们更是害怕风险，因此，收入不稳定带来的风险会损伤和削弱他们的消费力。

当前应采取有效措施积极降低城镇低收入居民面临的收入不确定性，缓解低收入对他们消费力的制约作用，是提高城镇低收入居民消费力不足首先要考虑的。因为收入不确定性的降低，目前往往会推动城镇低收入居民收入的快速增长，收入水平增长与收入不确定性下降，两者是密切相关的。

第五节　本章小结

本章从收入的视角分析了城镇低收入居民消费力不足的原因。

（1）对城镇低收入居民的收入状况进行了统计比较分析。从居民收入水平来看，中国城镇低收入居民收入整体呈增长趋势；从收入增长速度来看，1985～2012年，前半期增速较低，后半期增速加快。对比各分组居民收入的增长速度，无论是与外部的中等收入组、高收入组进行比较，还是对内部细分的最低收入户（包含困难户）、较低收入户分组进行比较，在整体上都能发现收入越高的居民收入水平增长越快。从收入差距比较来看，城镇低收入居民与其他组居民收入差距的绝对值一直在扩大，贫富两极分化现象严重；从收入差距的相对变化来看，则表现为两阶段特征：1985～2012 年，相对收入差距前期明显拉大，后期基本维持稳定，由此可见，城镇低收入居民的收入情况不容乐观。

（2）在当前我国社会转型发展过程中，城镇低收入居民面临着巨大的收入不确定性，社会转型、失业风险、收入差距和流动性约束都加重了低收入居民对收入不确定性的担忧。

（3）基于 Carroll 的缓冲存货模型框架，本章构建了一个基本消费模型，将居民收入水平和收入不确定性同时纳入模型当中，并利用 2002～2015 年全国各省（市、区）的相关数据分别实证分析了收入因素对城镇低收入居民消费力的具体影响。实证估算结果表明，收入水平的影响系数非常大，对城镇低收入居民消费力有支配性质的影响；收入不确定性对各地区城镇低收入居民的消费活动都有消极影响，经济发展水平越低、居民收入越低的地区，收入不确定性对消费的阻滞作用就越大。

（4）本章的统计比较和实证估算结果表明，从收入的视角来看，收入水平对城镇低收入居民的消费力有着决定性影响和支配效应；收入不确定性会抑制城镇低收入居民的消费力。收入水平的支配效应和决定性影响、收入不确定的叠加效应和削弱作用，共同构成中国城镇低收入居民消费力不足收入方面的原因。要解决城镇低收入居民消费力不足问题，必须首先从提高居民收入着手，并且有效降低他们收入的不确定性。

第六章　城镇低收入居民消费力不足的原因分析：支出的视角

第五章从收入的视角对中国城镇低收入居民消费力不足的原因进行了探讨。因为消费活动本身就一头连着收入，一头连着支出，它们是一个完整的关联体，支出对消费行为和消费力有着与收入同等重要的作用，接下来本章从支出的视角对中国城镇低收入居民消费力不足的原因展开分析。

在西方发达国家，市场经济体制比较成熟，社会保障制度很完善，因此，西方的研究主要集中在收入不确定性上。而改革开放的中国，经济社会制度还处在巨大的时代变迁之中，支出不确定的影响凸显，有必要对城镇低收入居民消费支出的不确定性进行详细的分析。消费习惯形成也是消费支出方面的重要因素，因此，从支出的视角来看，要充分重视支出不确定性和消费习惯对城镇低收入居民消费力的作用。

为分析支出不确定性和消费习惯对城镇低收入居民消费力的影响，本书以 Dynan 的预防性储蓄理论为基础进行扩展，利用地区数据对这两个因素的影响做具体实证分析。

第一节　城镇低收入居民面临的支出不确定性

支出不确定性是指居民的未来消费支出是不确定的、可变化的，也称作消费支出不确定性。不是任何时候支出都是不确定的，在计划经济时代和改革开放初期，国家对许多商品实行定向定额定计划的配给制供应，许多生活必需品和大件商品都要凭票才能消费，这种情况下虽然城镇低收入居民的消费往往只能满足基本需求，但是他们消费的支出行为和支出预期是非常明确的。进入20世纪90年代以后，社会主义市场经济体制建设开始起步，冲击了计划经济时代城镇居民享受到的各类生活福利和社会保障，尤其在医疗、教育、住房和养老等方面受到的冲击最大。城镇社会福利体制的变革，一方面，削弱乃至取消了原有的福利功能，增加和强化了个人与家庭在这些方面的实际消费支出和未来消费预期；另一方面，由于医疗、教育、养老体制在转轨时期的渐进式改革造成了制度的不断变化和不稳定，给整个社会都带来众多不确定性因素。这些情况都导致城镇低收入居民未来消费支出存在巨大的不确定性，具体可以从下面几个方面来分析。

一、住房支出

1992年，我国开始启动城镇住房福利制度改革，逐步停止实物分房，改为通过建立住房公积金、发放住房补贴等形式对城镇居民居住实施货币化补贴，以建立高收入家庭购买商品房、中等收入家庭购买经济适用房或商品房、低收入家庭租赁廉租房或公租房的住房供应体系。但是这套体系建设还不完善，例如，城镇住房公积金还没有实现全覆盖，很多城镇低收入居民没有工作或是在一些个体私营小企业工作，往往都没有缴纳住房公积金，也就无法享受到住房公积金的保障福利。此外，政府大力推行的差别化住房供给政策和措施，在现实生活中较难落到实处，很多城镇低收入居民无法申请到廉租房或公租房。这些情况都造成城镇低收入居民面临比较艰难的居住条件，为了改善住房状况，低收入居民要不就是付出高额的代价去购买商品房，要不就是只能去市场上寻找租房，按市场化价格购买或租赁住房都会给他们带来大额的住房支出，从而制约了其他的消费支出。

二、教育支出

20世纪90年代，我国开始实施非义务教育阶段收费制度改革，高等学校开始扩招并实行收费（自费）制度，学生学杂费支出逐年大幅增加。随着教育产业化大发展，不仅是学费支出日益高昂，而且整个社会人口受教育的周期也开始拉长，这些都增加了居民的教育支出尤其是在高等教育阶段的支出。对于城镇低收入居民来说，要改变自身收入低、处在社会底层的现状，目前最有效的途径就是举全家之力投资下一代的教育，将子女培养教育成才，力争使子女通过“鲤鱼跳龙门”寻找到一个好的工作，提高将来的收入，带动整个家庭摘掉“低收入”和贫困的帽子，从而跨越自己所处的阶层，升入中等收入阶层以上。这条“晋升”途径往往是城镇低收入居民整个家庭持续的生活希望和动力所在。所以，自20世纪末开始的教育改革对城镇低收入居民家庭支出影响巨大，教育收费制度改革增加了他们的教育投资支出；教育改革的持续变动和深入，增强了他们教育支出的不确定性预期。对于城镇低收入居民来说，举全家之力投资教育，目的是为了降低家庭未来收入的不确定性，但是现实情况是，在教育消费的过程中他们消费支出的不确定性变大了。

三、医疗费用

医疗体制改革也是20世纪末启动的城镇居民保障体制改革的重要内容，在这之前，城镇居民医疗保险费用基本上由国家或单位包揽，个人几乎不需要支出多少费用。1998年国家以市场化为方向改革城镇医疗体制，逐渐向双轨制转变，开始逐步取消公费医疗，居民看病主要依靠自己，国家和企业只是给予适当的补助和补贴，这样的改革自然增加了城镇低收入居民的医疗费用支出。同时，由于医疗机构也同步进行市场化改革，引发药品和医疗服务费用的大幅上涨，即使个人有保险可以报销一定比例，但是所需承担的医疗费用还是非常大的，对于收入本来就很低的城镇低收入居民来说，这方面的支出通常也难以承受。而且，许多城镇低收入居民还没有被不完善的城镇医疗保险制度完全覆盖，这就越发加剧了他们在医疗保险方面的支出负担。近年来，全社会都在反映的“看病难、看病贵”问题在城镇低收入居民群体身上表现尤为突出。由于医疗支出是刚性支出，是基本需求，这方面费用的居高不下，给城镇低收入居民的消费带来巨大的不确定性，对他们的其他消费支出造成严重的消极影响。

四、养老保险

在改革之前，城镇居民的养老保险是和就业直接挂钩的，国家对国有企业职工的养老问题统包统揽，大部分集体企业职工也同样享受集体给予的终身养老保障待遇。但是改革以后，随着我国逐步步入老龄化社会，全社会老年人比例快速增加，企业退休职工数量也逐年增加，加上以前并没有养老金的积累，导致国家和政府在统包包揽退休人员的养老支出费用方面已经无能为力，不得不进行养老体制的改革。市场化的改革方向致使城镇居民养老还是首先要靠自己，城镇低收入居民本来收入就低，其他方面的支出已经入不敷出，未来养老又是一大笔支出增项，即使是现在参与养老保险，高额的参保费用对他们的收入来说也是难以承受的。因此，当前养老费用不断增加、未来养老支出大幅增长，都加大了城镇低收入居民对未来支出的不确定性。

总之，城镇低收入居民支出的不确定性起源于我国城镇居民社会福利制度的改革，放大于社会主义市场经济体制的建立和完善当中。

第二节　城镇低收入居民的消费习惯

一、消费习惯的类型

第二章第一节对消费习惯形成理论做了概括性介绍，我们知道，广义的消费习惯有外部消费习惯和内部消费习惯两种。

外部消费习惯，主要包括“示范效应”，是指居民的消费行为受到外部环境信息尤其是他人消费的影响，人是社会性群居动物，不同的消费者的消费行为在消费心理上会相互影响，消费行为普遍存在示范作用和攀比倾向。

内部消费习惯，主要包括“棘轮效应”，是指居民的现期消费会同时受到现期收入、过去收入（尤其是过去的最高收入）和过去消费的综合影响。一方面，当收入最高时，发生的消费行为和所形成的消费习惯会对将来的消费决策产生影响，对人们过去形成的消费模式往往不愿意去改变，其实是不愿意降低曾经达到过的高水平消费。所以，当现期收入发生减少时，人们不会马上缩减消费支出，为了维持之前相对较高的支出水平，他们会动用积蓄或借债。这种消费行为也就是所谓的“由俭入奢易、由奢入俭难”，说明消费支出在短期内存在着“就高不就低”的单向不可逆的刚性，这是收入减少时消费习惯的作用模式。另一方面，如果收入增长，居民消费支出增长幅度会小于收入，这也是由于内部消费习惯的作用。因为人们增加消费支出（包括支出水平和支出项目）是需要时间的，人们往往先维持过去的消费习惯和消费标准，将增加的收入储蓄起来。从这个意义上来说，内部消费习惯起到一种维持保守消费和谨慎消费的作用，居民消费的内部习惯越强，造成的影响就越大，他们的消费行为就越趋向于谨慎、保守。

二、城镇低收入居民消费习惯的表现

城镇低收入居民的消费行为会受到外部消费习惯和内部消费习惯的影响，由于收入偏低、处在城镇社会底层，他们的消费心理和其他收入组居民有较大差别，他们受到消费习惯影响的程度相对更深。

因为主客观原因，城镇低收入居民这一群体具有一定的特殊性。由于与外界接触和交流有限，他们深受中华传统文化习俗的影响，与中国几千年的文化心理特征更为吻合，在行为、思想、思维、眼界、精神面貌和兴趣爱好等方面往往趋于谨慎、保守，更易受到传统习俗的束缚和以往经验的影响，表现出较高的内部消费习惯，他们的消费方式、消费选择、消费评价等行为不轻易做出改变；相比其他中高收入组居民，城镇低收入居民消费行为的短视性和刚性等谨慎特征更为明显。

同时，出于对自身“低收入”特征的敏感和掩饰（自卑）心理，城镇低收入居民也会经常表现中国人常有的“面子消费”和地位寻求的“炫耀消费”，特别是在满足温饱和衣食住行等基本生存型消费过后，会有强烈的学习“示范消费”的倾向和冲动，从而表现出更为显著的外部消费习惯。

第三节　支出不确定性和消费习惯影响城镇低收入居民消费力的实证分析

根据预防性储蓄理论和消费习惯理论，消费者会受到消费习惯和不确定性的

影响，本节借鉴 Dynan（1993）的经典预防性储蓄理论模型，结合中国城镇低收入居民消费的实际情况进行扩展，重点考虑他们在支出方面面临的不确定性和习惯等因素，实证分析这类支出因素的具体作用。

一、基础模型——Dynan 的预防性储蓄模型

在众多研究预防性储蓄的文献中，最重要的是 Dynan 的预防性储蓄模型。根据本文第二章第一节中对该理论模型的回顾，消费者在 t 期的最优效用函数为：

$$\max_{C_{i,t}} E\left[\sum_{t=0}^{T}\left(\frac{1}{1+\delta}\right)^{t} U(C_{i,t})\right] \tag{6-1}$$

$$\text{s. t. } W_{i,t}=(1+r_t)W_{i,t-1}+I_{i,t}-C_{i,t} \tag{6-2}$$

$$W_{i,t}+I_{i,t}-C_{i,t}+Z_{i,t}\geqslant 0 \tag{6-3}$$

其中，E_t 表示 t 期期望，δ 表示时间偏好，U 表示效用函数，且 $U'>0$，$U''<0, U'''>0$。在约束式（6-2）中，$W_{i,t}$表示消费者的资产或财富，r_t 表示利率，$I_{i,t}$表示可支配收入；式（6-3）表示流动性约束，其中，$Z_{i,t}$表示消费者所能周转到的资金。

Dynan 在他的预防性储蓄模型中用消费支出指标来度量消费者面临的不确定性风险，他认为，只有支出的不确定性才真正代表消费者面临的风险，有别于在他之前的研究中使用的收入不确定性的方法，对转型的发展中国家尤为适用。对于消费支出不确定性，Dynan（1993）使用消费增长率的平方 $(\Delta C_{i,t})^2$ 来表示变量。

二、基础模型的扩展

本节在 Dynan 经典的预防性储蓄模型基础上进行扩展，纳入消费习惯因素。参照第二章的习惯形成理论，用 $C_{i,t}$表示实际消费，$\overline{C}_{i,t}$表示有效消费，具体有：

$$\overline{C}_{i,t}=C_{i,t}-\alpha C_{i,t-1} \quad (0\leqslant\alpha\leqslant 1) \tag{6-4}$$

其中，α 表示习惯强度。将 $\overline{C}_{i,t}$代入式（6-1）并求解得到欧拉方程：

$$\left(\frac{1+r_t}{1+\delta}\right)E_t[U'(\overline{C}_{i,t+1})]=U'(\overline{C}_{i,t})-\lambda_{i,t} \tag{6-5}$$

$\lambda_{i,t}$表示流动性约束条件式（6-3）的拉格朗日乘子，因为城镇低收入居民

存在较大的流动性约束，有效消费要低于没有流动性约束时的消费，即$\lambda_{i,t}>0$。

对式（6-5）中U'（$\bar{C}_{i,t+1}$）在$\bar{C}_{i,t}$处用二阶 Taylor 公式展开得：

$$E_t\left[\frac{\bar{C}_{i,t+1}-\bar{C}_{i,t}}{\bar{C}_{i,t}}\right]=\frac{1}{\xi}\left(\frac{r_t-\delta}{1+r_t}\right)+\frac{\rho}{2}E_t\left[\left(\frac{\bar{C}_{i,t+1}}{\bar{C}_{i,t}}\right)^2\right]+\tilde{\lambda}_{i,t}+\mu_{i,t} \tag{6-6}$$

其中，$\xi=-\bar{C}_{i,t}$（U''/U'），$\rho=-\bar{C}_{i,t}$（U'''/U''），分别表示相对风险厌恶系数和相对谨慎系数。另外有：

$$\tilde{\lambda}_{i,t}=-\frac{1+\delta}{1+r_t}\cdot\frac{\lambda_{i,t}}{C_{i,t}U''} \tag{6-7}$$

其中，$\xi>0$，$\rho>0$，$\tilde{\lambda}_{i,t}\geqslant 0$，$\mu_{i,t}$是均值为 0 的误差项。

由于消费支出的增长率（$C_{t+1}-C_t$）$/C_t$ 可用消费对数的一阶差分 $\Delta\ln C_{t+1}$ 近似替代（杜海涛、邓翔，2005），$\Delta\ln C_{t+1}$ 又可近似估计为 $\Delta\ln C_{i,t}-\alpha\Delta\ln C_{i,t-1}$（Dynan，2000），因此，可以将式（6-6）简化为：

$$\Delta\ln C_{i,t}=\beta_0+\beta_1 r_{i,t}+\alpha\Delta\ln C_{i,t-1}+(1-\alpha)^2\theta(\Delta\ln C_{i,t})^2+(1-\alpha)\lambda\Delta\ln I_{i,t}+\mu_{i,t} \tag{6-8}$$

式（6-8）综合考虑了利率、消费支出不确定性、流动性约束和消费习惯的消费者行为模型，下文我们将参照它设定动态面板数据模型来实证检验支出不确定性和习惯形成对中国城镇低收入居民消费的具体作用程度。

三、变量含义和计量方法

1. 变量含义

采用与第五章相同的思路，本章拟对选取的 26 个省（市、区）按传统区域划分方法分为东部、中部、西部地区三大组来分析，这三组地区也是经济增长水平不同的三大地区。同时，我们也将分省数据全部汇总作为全国的数据组，这样一共有四组数据进入计量分析。

与第五章类似，此处用消费力指标 $\tilde{C}$ 替代消费水平 C，代入式（6-8），在方程中加入分组参数 k，并统一系数，建立如下 Panel Data 模型：

$$\tilde{C}_{k,i,t}=\beta_0+\beta_1 r_{k,i,t}+\beta_2\tilde{C}_{k,i,t-1}+\beta_3(\Delta\tilde{C}_{k,i,t})^2+\beta_4 I_{k,i,t}+\mu_{k,i,t} \tag{6-9}$$

从式（6-8）可以看出式（6-9）中各系数存在一定的关联，例如，$\beta_4=(1-\beta_2)\lambda$，也就是说，式（6-9）中，消费习惯的系数和可支配收入的系数之间存在密切关系，如果排除了消费习惯的影响，收入的真实影响系数将是 Ω，即：

$$\Omega=\beta_4/(1-\beta_2) \tag{6-10}$$

所以，在这里界定 Ω 表示收入水平的初始影响系数，即假设没有消费习惯时收入对城镇低收入居民消费力的影响系数，下文会利用式（6-10）来分析消费习惯通过收入产生的对居民消费的综合作用。

具体来看式（6-9）中的变量参数，k 用来标识数据分组，$k=0$，1，2，3，分别表示全国汇总数据组和东部、中部和西部地区组；i 表示分组内具体的省（市、区）；t 指不同年份，根据所采用样本数据的年度范围，$t=2002$，2003，…，2015。

r 是指名义年利率减去当年城镇居民消费价格指数后的实际利率；β_1 表示利率 r 对消费的影响系数；$\tilde{C}_{k,i,t-1}$ 在式（6-9）中作为消费习惯的指代变量，为了简化本书仅选取了影响力最大的上一期消费力数值来表示消费习惯；β_2 表示消费习惯的影响系数；$(\Delta\tilde{C}_{i,k,t})^2$ 在这里是消费支出不确定性的变量指标；β_3 表示支出不确定性的影响系数；$I_{k,i,t}$ 表示城镇居民可支配收入，是影响消费最关键的因素，在消费函数中不可缺少；β_4 表示收入的影响系数。

2. 计量方法

式（6-9）实际上是一个动态面板模型，因为在其中加入了上一期的内生变量 $\tilde{C}_{k,i,t-1}$，这样给模型带来内生性，不适宜采用最小二乘估计，本书采用动态面板广义矩估计方法（GMM）（包括差分 GMM 和系统 GMM）来处理。

首先将式（6-9）作一阶差分，消除个体效应的影响，得到方程式如下：

$$\Delta\tilde{C}_{k,i,t}=\beta_1\Delta r_{k,i,t}+\beta_2\Delta\tilde{C}_{k,i,t-1}+\beta_3\Delta(\tilde{C}_{k,i,t})^2+\beta_4\Delta I_{k,i,t}+\Delta\mu_{k,i,t} \tag{6-11}$$

再继续利用工具变量法估计式（6-11），通过下面的矩条件给出工具变量集：

$$E[\Delta\mu_{k,i,t}\cdot\tilde{C}_{k,i,t-s}]=0,\ s\geqslant2;\ t=3,\ 4,\ \cdots,\ T \tag{6-12}$$

由于差分 GMM 估计可能出现弱工具变量问题，进而影响到估计结果的有效性，而系统 GMM 能够较好地解决这个问题，因此，打算利用式（6-12）作为工具变量，通过系统广义矩估计（GMM）方法来进行估算。因为系统 GMM 方法需要通过验证工具变量的有效性来选择是使用一步系统 GMM 估计法还是两步系统 GMM 估计法，因此，又通过 Sargan 检验对工具变量进行有效性检验，根据结果最后选择了两步系统 GMM 方法。

四、实证结果和结论分析

利用东部、中部、西部三个地区的数据及汇总得到的全国数据共四组数据，使用两步系统 GMM 估计法，对中国城镇低收入居民的消费力模型（6－9）进行估计，估计结果见表 6－1。结果表明：

表 6－1　城镇低收入居民消费力模型（6－9）的 GMM 估计结果

系数	变量	全国	东部	中部	西部
β_0	常数项	0.2011***	0.3961***	0.2430***	0.1162***
		(15.52)	(6.04)	(33.19)	(17.23)
β_1	$r_{k,i,t}$	−0.001	0.002*	−0.001	−0.003
		(−0.24)	(1.81)	(−0.84)	(−0.99)
β_2	$\widetilde{C}_{k,i,t-1}$	0.1312***	0.098**	0.1461***	0.1603***
		(6.99)	(−2.11)	(3.49)	(9.12)
β_3	$(\Delta\widetilde{C}_{k,i,t})^2$	−0.1493***	−0.1892***	−0.0890***	−0.0746***
		(4.91)	(11.09)	(3.66)	(2.95)
β_4	$I_{k,i,t}$	0.6490***	0.5612***	0.6314***	0.6609***
		(79.11)	(39.15)	(55.39)	(59.34)
Wald 检验 p 值		0.0000	0.0000	0.0001	0.0000
Sargan 检验 p 值		0.9902	0.9901	0.9891	0.9913
AR（1）检验 p 值		0.0215	0.0313	0.0298	0.0048
AR（2）检验 p 值		0.3081	0.3412	0.3607	0.2850
有效样本数		338	130	91	115

注：①表格上半部分括号中数值为 t 统计量，*、** 和 *** 分别表示 10%、5% 和 1% 的水平显著；②由于引入了上一期的变量，样本数量减少一个年份的量。

（1）统计期间，除了实际利率变量对被解释变量不显著外，全国整体以及东部、中部、西部三大地区城镇低收入居民的其他所有解释变量对被解释变量的影响在统计上都是显著的。

（2）实际利率对各地区城镇低收入居民消费力影响很小，且不显著。之所以利率的影响很小，一是由于城镇低收入居民的收入很低，往往入不敷出，很少有多余的大额资金用来进行长期储蓄；二是收入低还直接导致信用不足，没有能力进行各类消费信贷以调节跨期消费；三是我国的金融系统市场化程度还不够高，也制约了利率对我国城镇低收入居民消费的影响。利率往往关联到各类消费金融环境，利率作用的缺失，间接预示着当前我国消费金融环境和消费信贷政策对城镇低收入居民消费力的支持作用很小。

（3）常数项β_0代表自发消费力，和第五章类似，即指不受模型内含因素影响的那部分消费力。四组数据分析结果表明，东部地区城镇低收入居民的自发消费力最高，而且是大幅度地高出中西部地区，这说明经济发展水平越高的地区，居民的自发消费力越高，经济增长助推城镇低收入居民消费提升的效果是很显著的，也意味着要提高城镇低收入居民的消费力，扩大他们的消费支出，需要重视经济增长速度和地区经济发展水平。

（4）可支配收入对城镇低收入居民消费行为的影响非常显著，这和第五章中对居民收入的分析结论一致。系数β_4的估计值可视为居民消费的收入敏感度和流动性约束的程度，从估计值可以看到，消费力对可支配收入的变化非常敏感，随着经济增长和收入水平的提高，西部、中部和东部地区城镇低收入居民消费力受到收入影响的系数分别为0.6609、0.6314、0.5612，也就是说，经济增长水平低的中西部地区，收入对城镇低收入居民消费力的支配作用大过东部地区。总体来看，我国各地区城镇低收入居民消费的收入敏感性高，一方面说明收入确实是影响到他们消费活动的关键因素，另一方面也说明城镇低收入居民消费力受居民收入水平的支配作用非常大，很容易遭遇到严重的收入制约和流动性约束。就三大地区比较而言，随着经济增长和收入提高，城镇低收入居民消费的收入敏感性降低，流动性约束力度减弱。

（5）消费习惯或习惯形成对各地区城镇低收入居民的消费力具有显著正影响，不过系数β_2的大小显示影响力度有差别。在西部地区影响最大，中部地区次之，东部地区相对最小。这预示着经济增长水平高低与消费习惯的作用力度成反比，随着经济增长，消费习惯或习惯形成对城镇低收入居民消费力的影响呈现逐渐减弱的迹象。越是经济增长水平低的地区，城镇低收入居民的消费惯性越强。同时，经济增长会提高居民收入，增强他们的消费能力，让他们有更多的消费选择，同时增加他们消费支出的多样性，从而推动城镇低收入居民消费行为在量和质方面的不断提升。另外，随着经济增长，人们的社会文化生活日益丰富多彩，一方面会冲击传统消费习俗，另一方面也会产生新的消费项目，这些变化都是对消费习惯的冲击，会大大削弱和抑制消费习惯形成。

此外，根据式（6－10）：$\Omega=\beta_4/(1-\beta_2)$，可以计算出收入水平的初始影响系数，表6－2对比了计算结果。从对比结果来看，消费习惯影响到收入作用的发挥，尤其是对西部地区来说，如果消除消费习惯的影响，收入水平的系数可以达到0.7871，这是一个很高的影响系数。这样的计算结果说明，虽然数据分析表明上一期的消费习惯形成对当期消费有正面影响，但同时消费习惯在更大程度上抑制了可支配收入对城镇低收入居民消费力的提升作用，因为这种抑制力度过大，最终结果导致消费习惯实际上拉低了城镇低收入居民的消费力。

表6－2　模型（6－9）中消费习惯对收入水平系数的影响比较

系数	全国	东部	中部	西部
β_2	0.1312	0.0980	0.1461	0.1603
β_4	0.6490	0.5612	0.6314	0.6609
Ω	0.7470	0.6222	0.7394	0.7871

（6）支出不确定性在所有地区都有显著的负面影响。随着经济增长，消费需求的数量、种类和范围都在不断扩大，各类支出的不确定性增加，尤其是对我们这样一个处在经济社会体制全面转轨的国家，改革开放带来许许多多的不确定性。从各地区的比较来看，消费支出的不确定性对城镇低收入居民消费力的影响力度呈现由西到东加大的趋势。从表6－1可以看到这种反映，首先，从支出不确定性影响系数的估计结果也可以看到，城镇低收入居民消费力在东部地区受到的影响最大，不确定性的影响系数达到－0.1892；其次，依次是中部和西部，分别是－0.0890和－0.0746。出现这样的地区差异，是因为当收入较低时，城镇低收入居民的收入和支出变动幅度都较小，消费活动的范围也有限，这时不确定性对其消费行为和消费力的影响相对较小；随着经济的增长，人们收入的提高，消费活动扩展，面临的支出不确定性越来越大，消费行为和消费力受到支出不确定

性的冲击程度也在慢慢加大。总体来说，支出不确定性削弱了城镇低收入居民的消费力。

第四节　城镇低收入居民消费力不足的支出原因

从上面的分析结果可以看出，在消费支出方面，中国城镇低收入居民消费力存在许多阻滞因素，这些因素的消极作用，削弱了城镇低收入居民的消费力，降低了他们消费力的上升空间。具体来看，城镇低收入居民消费力不足在支出方面的原因有以下两点。

一、支出不确定性的风险效应和损害效应

支出不确定性拉低城镇低收入居民消费力的原因有两个。一是支出预期的不确定性意味着未来支出的不固定、不稳定，很难预判将来要支出多少，这种无法做好未来消费预算的状况，对低收入居民的消费心理和决策会产生消极影响，导致原本就谨小慎微的他们不敢消费、不愿消费。因为他们面对未来风险的承受能力很低，支出预期不确定其实是一种消费风险，它降低了他们抗风险的能力，实际上就是损害了他们的消费力。

二是目前我国正处在社会转型、建设社会主义市场经济体制时期，未来支出不确定性往往意味着支出实际上是增加，而不是减少，还有可能是大幅度增加。改革开放 40 年的历程，其实是随着旧有福利制度的瓦解，而新的社会保障体制仍在缓慢建设的过程中，市场机制讲究优胜劣汰，是一种讲究公平而较少顾及公正的竞争机制，尤其是在社会主义发展的初级阶段，全社会更倾向于追求发展的效率，允许“让一部分人先富起来”。在这样一个大的时代发展背景下，城镇低收入居民处在一个弱势的层面，社会财富和资源更倾向于为中高收入者服务。例如，在消费品市场，生产者和供应商更希望抓住中高收入阶层，所以他们的产品生产和性价比定位在多数情况下都是为中高收入居民消费服务的，缺少主动提供基本保障型消费品的动力。这种市场导向的、有倾向性的需求供给情况，对城镇

低收入居民的消费力本身就是一种损害。因为没有适合他们购买力的商品，他们只能去购买那些价格高昂的商品房、高昂的医疗服务和教育服务，这些商品和服务的性价比已经脱离了城镇低收入居民的实际消费需要，超出了他们能够承受的范围，大大地削弱了他们的消费力水平。

因此，要从支出不确定性的角度来想办法提高城镇低收入居民消费力，一是要降低支出不确定性的程度，二是降低未来他们在住房、教育、医疗、养老等方面大额支出上涨的速度和幅度。

二、消费习惯的固化效应和阻碍效应

从实证分析的结论来看，一方面，消费习惯自身对城镇低收入居民消费力的影响方向是不确定的。消费习惯越严重，消费的惯性越大，以前的消费行为会自然延续而不中断，所以消费习惯对城镇低收入居民消费力的发展有一种自发“维稳”的效应。这种“维持现状稳定”的作用，如果在消费力发展下行阶段，有助于维持居民消费力，但是对于目前我国现阶段发展趋势来说，只会拖慢城镇低收入居民消费力增长的速度和步伐。消费习惯的这种“维稳”实际上是一种固化效应，它倾向于让消费者延续原来的消费内容和行为模式，如果不能积极地适应新情况的变化，也就会影响消费结构的主动、积极调整，不利于消费结构的优化升级。因此，消费习惯的固化作用对城镇低收入居民消费力的具体损害就体现在他们的消费结构得不到及时的优化调整上，而城镇低收入居民消费结构的恶化，实际上也是消费力的降低和消费力不足的表现之一。另一方面，实证分析还表明，消费习惯会通过阻碍收入的积极作用来限制城镇低收入居民消费力的提升空间，这说明消费习惯对其他因素的积极作用有阻滞影响，这也会损害居民消费力。消费习惯往往关系到消费环境、消费文化、消费心理、消费观念等很多消费活动基础层面因素的作用，不考虑消费习惯的影响，盲目照搬其他国家和地区的消费支持政策和措施，不仅会收效甚微，而且还有可能会造成不良后果。

目前中国城镇低收入居民消费力正处在上升通道，基于上面两个层面的分析，消费习惯拉低了城镇低收入居民消费力的发展速度，压制了它的增长势头，阻碍了它的快速和进一步发展，是造成城镇低收入居民消费力不足的重要原因。

以往居民消费不足和居民消费力提升的相关研究，对消费习惯这一要素的关注度不够，本书的分析认为，要解决城镇低收入居民消费力不足的问题，应该高度重视消费习惯的影响。要想办法降低消费习惯对居民消费行为的影响力度，改善消费习惯与其他消费影响因素的协调发展关系。

第五节 本章小结

本章立足当前中国实际，从支出的视角分析城镇低收入居民消费力不足的原因。

首先，分析城镇低收入居民面临的消费支出不确定性。改革开放以来，城镇低收入居民因为原有福利保障的消失，面临着医疗、教育、住房和养老等方面的巨额开支，而且随着改革的进行这些开支存在不稳定的预期，因此，城镇低收入居民面临着很大的支出不确定性。同时，城镇低收入居民消费力还受到普遍的消费习惯的影响。

其次，本章在经典的 Dynan 预防性储蓄模型基础上进行扩展，考虑消费习惯形成和流动性约束，构建了利率、消费习惯、支出不确定性、收入水平等因素影响中国城镇低收入居民消费力的动态面板数据模型。然后采用 2002～2015 年我国各省（市、区）统计年鉴中的城镇住户调查数据，运用系统广义矩两步估计法对模型进行实证分析，实证检验支出不确定性和消费习惯对不同经济水平地区城镇低收入居民消费力的作用。

最后，实证分析的结果表明，实际利率对城镇低收入居民消费力基本上没有影响。支出不确定性显著降低了城镇低收入居民的消费力。支出不确定性和消费习惯对城镇低收入居民消费力作用的变化趋势正好相反。随着经济增长、收入提高，消费习惯的影响趋弱，而支出不确定性的影响显著增大，本章对这种现象产生的原因进行了探讨。此外，讨论消费习惯和收入水平的综合影响作用，消费习惯制约了收入水平提升城镇低收入居民消费力的作用，所以单独来看，消费习惯似乎增强了城镇低收入居民消费力，但从综合来看，消费习惯是通过抑制收入水平等因素来增强消费力的作用，结果实际上反而削弱了城镇低收入居民的消费力。

因此，从支出的视角来看，支出不确定性和消费习惯对城镇低收入居民的消费力都有显著影响，两者都削弱了城镇低收入居民的消费力。随着经济增长、收入提高，中国城镇低收入居民消费力受消费习惯的影响趋弱，而支出不确定性的影响反而显著增强。支出不确定的风险效应和损害效应、消费习惯的固化效应和阻碍效应，共同构成中国城镇低收入居民消费力不足支出方面的原因。

从支出不确定性的角度来想办法提高城镇低收入居民消费力，一是降低支出不确定性的程度，二是降低他们未来大额开支的上涨速度和幅度。以往对消费习惯这一要素的关注度不够，应该努力降低消费习惯对居民消费行为的间接不利影响，改善消费习惯与其他因素的协调发展关系。

第七章 主要结论、政策建议和研究展望

第一节 主要结论

本书分析了中国城镇低收入居民消费力发展的状况，归纳了其特点和存在的问题；测算并比较了城镇低收入居民消费力值，用量化的方法证明了城镇低收入居民消费力不足；结合我国国情，从收入（收入水平、收入不确定性）视角和支出（支出不确定性、消费习惯）视角出发，在预防性储蓄模型和缓冲存货模型的框架基础上扩展构建符合中国实际的消费模型，利用动态面板数据实证分析了主要因素对城镇低收入居民消费力的影响，对他们消费力不足的原因进行探讨。

本书的主要结论有：

（1）居民消费力是指居民能够购买的商品与服务的数量，是一种购买能力，它的内涵必须同时体现在消费支出水平和消费支出结构两个方面。

（2）中国城镇低收入居民消费力发展的状况分析表明，他们的消费支出发展很快，消费结构持续优化；但是发展速度相对滞后，绝对发展差距持续扩大。

近年来，城镇低收入居民消费发展很快，消费支出水平快速增长，消费结构持续优化；但是与城镇其他收入组居民相比，发展速度相对滞后，呈现绝对差距

拉大的趋势。城镇低收入居民的消费结构也在优化，恩格尔系数逐渐下降；分类消费支出也随经济增长和收入提高逐年增加。但是与全国相比，恩格尔系数还有进一步下降的空间，消费发展相对缓慢的特点非常明显。城镇低收入居民在生存型、发展型和享受型消费三种不同层次需求的支出变化表明，2000 年以后城镇低收入居民消费结构调整升级的步伐放缓。消费结构的扩展线性支出系统（ELES）模型估计结果表明，城镇低收入居民的食品边际消费倾向最高，在行和住等方面存在较大的消费需求，交通通信、文教娱乐支出对收入和价格的变动最敏感。

（3）对城镇低收入居民消费力进行定量测算后发现，城镇低收入居民消费力不足。他们的消费力大概只有城镇中等收入居民的 1/2 到 2/3、高收入居民的 1/4 到 1/3。

根据居民消费力的内涵，利用八项分类消费支出指标构建评价体系，应用熵值赋权法确定指标权重，建立对居民消费力的测量方法，定量计算中国城镇低收入居民的消费力值，并进行比较后发现，我国城镇低收入居民消费力存在明显的地区差异，消费力不足问题严重，且有继续恶化的趋势。

对各省（市、区）之间城镇低收入居民的消费力进行比较发现，按经济增长水平分组的东部、中部、西部三大地区的城镇低收入居民的消费力有显著的差异。虽然同为城镇低收入群体，但是东部地区的城镇低收入居民消费力明显要高于中部和西部，尤其是西部的消费力最弱。

与城镇其他两个收入组进行比较发现，城镇低收入居民消费力显著偏小。城镇低收入居民的消费力与中等收入居民的差距总体比较稳定，但与高收入居民的差距波动幅度相对要激烈得多，且差距逐渐扩大，长年居高不下。综合来看，城镇低收入居民的消费力不仅存在不足，还面临继续恶化的困境。

（4）从收入的视角来看，收入水平对城镇低收入居民消费力有决定性影响和支配作用；收入不确定性会抑制城镇低收入居民的消费力，越是经济落后、居民收入越低的地区，抑制作用越大。收入水平的支配效应和决定性影响、收入不确定的叠加效应和削弱作用，是共同构成中国城镇低收入居民消费力不足收入方面的原因。

从居民收入水平来看，中国城镇低收入居民收入整体呈增长趋势；从收入增长率来看，1985～2012年，前半期增速较低，后半期增速加快。对比发现，收入越高的群体，居民收入水平增长越快。从收入差距比较来看，城镇低收入居民与其他收入组的差距一直在扩大。从相对变化来说，则表现为两阶段特征：1985～2012年前半期，收入相对差距明显拉大；后半期基本维持稳定。城镇居民收入两极分化现象严重，他们的收入情况不容乐观。

在当前我国社会转型发展过程中，城镇低收入居民面临着巨大的收入不确定性，这种不确定性源自中国改革开放带来的社会转型、失业风险、收入差距扩大和流动性约束。

基于Carroll的缓冲存货模型框架，本书构建了扩展消费模型，将居民收入水平和收入不确定性同时纳入模型当中。实证分析结果表明，可支配收入的影响系数非常大，对城镇低收入居民消费力有支配性质的影响；收入不确定性对各地区城镇低收入居民消费都有消极影响，经济发展水平越低、居民收入越低的地区，收入不确定性的阻碍作用就越大。

因此，可支配收入水平低是城镇低收入居民消费力不足的关键原因，起着决定性的作用。收入不确定性能加重和恶化低收入对城镇低收入居民消费力的不利影响。要解决城镇低收入居民消费力不足的问题，必须从提高可支配收入着手，并且有效降低他们收入的不确定性。

（5）从支出的视角来看，支出不确定性和消费习惯对城镇低收入居民的消费力有显著影响，综合看两者都会削弱他们的消费力。随着经济增长、收入提高，中国城镇低收入居民消费力受消费习惯的影响趋弱，而支出不确定性的影响反而显著增强。支出不确定性的风险效应和损害效应、消费习惯的固化效应和阻碍效应，共同构成城镇低收入居民消费力不足支出方面的原因。

改革开放以后，我国城镇低收入居民因为原有福利保障的消失，面临着医疗、教育、住房和养老等方面的巨额开支，而且这些开支预期很不稳定，使城镇低收入居民面临较大的支出不确定性。

在经典的Dynan预防性储蓄模型基础上，本书进行了模型的扩展，构建了包括利率、消费习惯、支出不确定性等因素影响在内的动态面板数据模型。实证结果表明，消费支出的不确定性和习惯形成对各地区城镇低收入居民的消费力都有显著影响。支出不确定性显著降低了他们的消费力，支出不确定性和消费习惯对城镇低收入居民消费力作用的变化趋势正好相反，随着经济增长、收入提高，消费习惯的影响趋弱，而支出不确定性的影响显著增大。消费习惯限制了收入增长在增强城镇低收入居民消费力方面的作用，所以综合来看，消费习惯通过抑制收入水平等因素的积极作用，实际上削弱了城镇低收入居民的消费力。因此，支出不确定性和消费习惯都降低了城镇低收入居民的消费力，是引发中国城镇低收入居民消费力不足的重要原因。

从支出不确定性的角度来想办法提高城镇低收入居民消费力，一是要降低支出不确定性的程度，二是要降低他们面临的未来高额的住房、教育、医疗和养老等方面的支出。而以往对消费习惯这一要素的关注度不够，应该努力降低消费习惯对居民消费行为的影响力度，改善消费习惯与其他因素的协调发展关系。

（6）中国城镇低收入居民消费力不足的主要原因是居民可支配收入过低、收入和支出的不确定性影响过大、消费习惯制约作用大等。基于这个结论，本书提出相应的政策建议：大力提高城镇低收入居民收入水平、减少城镇低收入居民的收入不确定性；降低城镇低收入居民消费支出不确定性；树立科学消费观，改变不良消费习惯，推动消费升级。

第二节　政策建议

针对我国城镇低收入居民消费中存在的问题，为有效增强城镇低收入居民的消费力，推动城镇低收入居民消费和经济增长协调发展，可以采取以下这些保障措施和刺激政策。

一、提高城镇低收入居民的收入水平

中国城镇低收入居民消费力不足的关键原因就在于收入增长缓慢、居民间收入差距过大和还在扩大。所以，提高居民收入是扩大消费的主要途径。

1. 提升城镇低收入居民的就业能力

城镇低收入居民收入低的重要原因就在于增收能力弱、就业竞争力不强。因

此，提高居民收入的关键是提升城镇低收入居民就业能力，改善就业环境，建立增加收入的长效机制。

（1）建立针对城镇贫困群体的就业援助体系。包括构建信息平台及时提供就业信息；规范劳动力市场运作，改善就业环境，使他们拥有公正平等的就业机会；鼓励全社会创造和提供专门就业岗位。

（2）加强职业培训，提高城镇低收入居民的工作能力和竞争力。积极和广泛地开展免费职业技能培训，针对他们的特点，提供“短、平、快”的实用培训项目，拓展他们的技能领域，提高他们的技能水平，以适应相应岗位的用人需要。

（3）拓宽城镇低收入居民的就业范围。在全社会推广实施城镇低收入居民就业优先的政策，创造灵活多样的就业形式；促使城镇低收入居民转变就业思路，力争在各企业、各产业部门实现正式或非正式的就业。

（4）鼓励城镇低收入居民自主创业。推行专门针对城镇低收入居民的行之有效的就业扶持政策，优化创业投资环境，通过降低准入门槛、简化审批手续、提供小额创业贷款、给予税收优惠和创业补贴、做好相应配套服务等途径，以切实行动和真正的实惠支持城镇低收入居民创业、创收。

2. 实施精准扶贫，加大救助力度

在城镇低收入居民中有很大一部分是老弱病残，这部分群体要增加收入，只能通过社会和政府的扶贫救助。政府应该完善对他们的救助制度，加大对他们的低保力度，只有这样才能切实提高他们的收入水平，帮助他们满足基本的生存消费需求。

扶贫救助应该做到“精准”，做到“真扶贫、扶真贫”，要根据各地的实际情况划定有区域差异的贫困标准线，并据此开展全面的贫困调查，确立真正贫困的人群；通过科学决策和分类管理，将扶贫资源精准地投放到需要救助的低收入家庭中，做到“应保尽保”“应扶尽扶”；同时完善监督反馈机制，尽量做到资源的动态优化管理，以实现有限的扶贫资源效应最大化。

随着经济持续快速增长，中国正变得越来越强，在全社会总体收入水平快速增长的大背景下，应该加大对城镇低收入居民的救助力度，让他们的收入增长速度至少跟上全国水平，只有这样才不会让收入差距继续扩大。因此，应该增加救助资金，加大救助力度，尽可能地扩大社会救助覆盖的人群，提高各项补助的标准和水平。

3. 发挥税收调节作用，加大财政扶持力度

税收和转移支付对居民收入有调节作用，要积极发挥这种收入的自动调节机制，提高城镇低收入居民的收入水平。例如，改革税收制度，大幅度减轻城镇低收入居民的税收负担，这样可以使他们的可支配收入增多；适当加大对高收入居民的税收力度，将高收入者的一部分收入通过税收方式转移到国家和政府手中，成为调节社会贫困差距的砝码。

要加大政府对城镇低收入居民的财政扶持力度，大幅度提高他们的转移支付水平，从而进一步增加他们的收入，提高其消费水平。统计年鉴数据显示，在城镇低收入居民收入构成中，转移性收入仅占总收入的较小比例，将来政府的转移支付应当更加偏向这些低收入人群。

二、降低城镇低收入居民收入的不确定性

国家和各级政府应采取有效措施，快速稳定地增加城镇低收入居民的持久收入，积极抑制收入差距的扩大，降低收入因素对城镇低收入居民造成的不确定性。

1. 降低对改革成本的负担

应该采取积极有效的措施降低城镇低收入居民对改革成本的负担。我国的市场化改革是在相应的社会保障体制正在逐步建立、还不完善的情况下进行的，改革涉及利益的重新分配，必然有一部分人受益，有一部分人吃亏，而城镇低收入居民属于弱势群体，在改革方案的制订和执行过程中基本上没有什么话语权，所以必然是利益受损的那一方。社会和政府应该做到的是尽可能地减少城镇低收入居民承担的改革成本，使改革带来的不确定性对他们的冲击降到最低。

2. 改革收入分配制度，缩小收入差距

应该积极调整居民收入分配制度，处理好初次分配和二次分配之间的关系，通过收入分配制度的改革真正缩小城镇居民之间的收入分配差距。收入分配制度改革应该从初次分配和二次分配两方面的内容着手。初次分配注重效率，二次分配注重公平。在初次分配中，应尽快大幅度提高城镇低收入居民的劳动工资收入

占总收入的比重，使他们的收入增长能够填补住房、教育、医疗、养老等方面市场化、货币化改革所带来的实际收入的下降，并使城镇低收入居民收入的增长与GDP的增长相协调；在二次分配中，应该提高对城镇低收入居民的财政转移支付，增加扶贫救助的预算资金，扩大救助面。只有采取更多积极的、可行的措施，才能真正提高城镇低收入居民的收入，缩小居民间收入差距，从而真正降低收入差距等因素造成的收入不确定性。

三 降低城镇低收入居民支出的不确定性

如第六章所述，城镇低收入居民面临的支出不确定性，主要来自改革后住房、教育、医疗和养老等开支的不确定性。改革前由国家或企业承担的城镇职工或居民的衣食住行、教育及医疗支出，改革后变成个人和家庭支付或缴纳，而新的社会保障制度又不完善，不能给居民一个稳定的预期，成为城镇低收入居民对未来支出不确定性感受的主要来源。降低他们支出不确定性的主要措施，应该是加快改革步伐，建立健全有倾斜性的社会保障体系，使之能够真正发挥“社会稳定器”的功能。

1. 加快改革步伐，稳定消费预期

改革本身就意味着变动和不稳定，所以要降低城镇低收入居民面临的各种不确定性，必须加快改革进程，降低改革本身带来的不确定性的数量和程度。在住房、教育、医疗、养老等方面，具有方向性和导向性、原则性方面的改革内容越早确定下来越好，一些领域细节方面的内容可以留待以后慢慢细化完善。在确保社会稳定的前提下，努力减轻城镇低收入居民对制度变革、体制转轨、社会转型的不确定性感受及悲观预期，创造一个人人心情乐观、社会风气积极向上的、良好的社会经济消费环境，从而使居民敢于消费、乐于消费，只有这样，才能提高城镇低收入居民的消费水平。

2. 住房保障真正让城镇低收入居民受益

住房支出是城镇居民最大的一项消费支出，它包括购买商品房支出和租房支出，广义的住房支出还包括对自住房租金的市场化计量。要降低城镇低收入居民对消费支出的不确定性，首先要稳定和降低住房支出水平。要切实根据各地区城镇低收入居民的实际困难，建立多元化的住房保障体系；加强对保障性住房分配

与出租的管理，确保使真正存在住房困难、最需要得到住房保障的那部分收入困难居民能够享受保障性住房或货币化改革的住房补贴。政府应该把保障城镇低收入居民住房的工作作为一项常抓不懈的大工程，努力使之制度化、规范化、公平公正化，最终提高广大城镇低收入居民的居住条件，降低他们在住房支出方面的支出水平，打消他们对住房保障制度改革方面的疑虑，鼓励他们大胆、积极和主动地进行各类消费活动。

3. 制定对城镇低收入居民倾斜的社保制度

由于城镇低收入居民主客观方面的诸多弱势，在社会处在最底层，在改革计划、政策制定和制度设计等方面缺少发言权，为自己争取利益的能力不够。考虑到这一实际情况，在制定和推进城镇居民医疗、养老保险等社保制度的过程中，要充分考虑城镇低收入居民收入水平偏低、收入能力偏弱的事实，社会和政府要主动对他们在政策、补助等方面有所倾斜，给予他们重点照顾，包括给予他们更多的资金补助，适当减免家庭教育支出和重大疾病医疗保险支出费用，对城镇低收入居民当中鳏寡孤独老人进行直接补助等。同时大力发展社会公益事业，让全体国民把更多的目光集中和关注到我国城镇低收入居民的消费需要上来，帮助他们扩大消费。

四、树立科学消费观，改变不良消费习惯，推动消费升级

传统的消费习惯对城镇低收入居民的消费起到抑制作用，城镇低收入居民应树立新的符合社会主义新时代要求的理性消费观，改变受传统习俗和不良习惯影响的不理性消费行为。

1. 加强教育，引导城镇低收入居民树立科学合理的消费观

根据上文的分析，城镇低收入居民普遍存在落后的消费观念和不合理的消费习惯，如过度抑制消费需求、盲目跟风消费、喜好面子消费、不重精神消费等。消费观念的转变有依赖于居民认知和素养的提高，要使城镇低收入居民自觉树立科学消费观，第一，要在居民当中大力开展科学、理性消费观的教育，积极宣传文明、绿色的生活方式；第二，社会各界人士、政府、社区都应主动行动起来承担向城镇低收入居民广泛宣传正确消费观的责任；第三，应积极地通过广播、电视、报刊、书籍、互联网等途径在城镇低收入居民当中大力倡导科学消费观；第

四，要提倡移风易俗、新事新办，对城镇低收入居民当中存在的一些旧的、不合时宜、不合理的消费观念和消费习惯，一定要劝说他们坚决摒弃，帮助他们树立符合现代生活需要的文明消费习惯。

2. 创造良好的消费环境，促进城镇低收入居民消费升级

促进城镇低收入居民消费，离不开良好的消费环境，尤其是需要打造一个能够吸引、鼓励城镇低收入居民扩大消费、促进消费升级的环境。第一，应该进一步发展规范的消费市场，可以考虑设立主要面向城镇低收入居民消费活动的场所或平台。第二，针对城镇低收入居民实际的消费特点和消费力水平，设计和生产多样化的适合他们实际需要的商品，主要应该是一些性价比高、物美价廉的中低档生活、生产必需品。第三，建立完善、顺畅的流通市场体系，进一步降低物流、流通成本，以帮助降低商品的总体售价。第四，大力在城镇低收入居民当中普及新的消费模式或方式，尤其是利用互联网、手机等新技术在线上购物。近几年我国大力发展电商行业，中国的互联网购物发展已经走在全世界的前列，线上B2C、C2C的消费模式因为省去了中间流通成本和人力时间，多数线上售卖的商品反而更物美价廉，而且网上可供挑选和比较的商品繁多，加上中国现在快递物流高效及时、成本低廉，其实很多时候比线下去商场、超市、集贸市场购物更便利，有更好的体验。第五，加强对消费市场的检查监督，城镇低收入居民很容易成为假冒伪劣商品的售卖对象，在打击伪劣和市场维权方面，要对他们的消费活动给予更多的重视和关照，积极为他们提供各种消费服务，打消他们的顾虑，让他们敢于消费、放心消费，帮助和带动他们实现消费升级。

第三节　研究展望

本书对中国城镇低收入居民的消费力进行了分析研究，由于时间、条件和能力的限制，还存在很多不足，将来还有很大的拓展空间。未来进一步研究的方向如下：

第一，利用城镇低收入居民个体或家庭的消费数据，从微观层面进行深入分

析，提高实证分析结论的准确性。微观调研数据能更加细致地把握城镇低收入居民收入和消费支出情况，能够设计更好的变量来度量城镇低收入居民对不确定性的真实感受及对消费习惯的偏好。变量设计和指标数据的改进完善，有助于更精准地估算当前中国经济发展转型中，相关因素对城镇低收入居民消费力的影响程度。但是目前个人和家庭层面的微观消费数据非常难得，需要假以时日制定详细的调研计划，通过挨家挨户入门调查才能收集得到。

第二，构建一个更完整的居民消费力理论分析框架，将各影响因素统一纳入消费模型中进行分析，将城镇低收入居民家庭和个体微观层面的消费行为，与国家整体宏观层面上的经济增长有机整合起来，分析宏观因素对微观行为的影响机理、决定路径和关联程度，探索内在的有机联系。例如，具体比较东部、中部、西部三大地区城镇低收入居民消费行为的实际差异；分析各因素在不同地区表现出来的区域化差异，研究这种差异带来的区域性差别影响，从而根据各个地区的实际情况提供符合各地具体情况的、更加可行的政策建议；等等。这些都将成为未来进一步研究的方向和目标。

参考文献

[1] Alessandra Guariglia, Byung – Yeon Kim. Earnings Uncertainty, Precautionary Saving, and Moonlighting in Russia [J] . Population Economics, 2004 (2) .

[2] Blinder A. The Relationship between Distribution Effects and the Consumption [J] . Journal of Politics, 2002 (3) .

[3] Carroll Christopher D. , Andrew A. Samwick. How Important is Precautionary Saving? [J] . Review of Economics and Statistics, 1998, 80 (3): 410 –419.

[4] Carroll Christopher D. , Andrew A. Samwick. The Nature of Precautionary Wealth [J] . Journal of Monetary Economics, 1997, 40 (1): 41 –71.

[5] Carroll Christopher D. Buffer – Stock Saving and the Life Cycle/Permanent Income Hypothesis [J] . Quarterly Journal, 1997 (5) .

[6] Carroll Christopher D. , Karen E. Dynan, Spencer D. Krane. Unemployment Risk and Precautionary Wealth: Evidence from Households' Balance Sheets [J] . Review of Economics and Statistics, 2003, 85 (3): 586 –604.

[7] Carroll Christopher D. The Buffer – Stock Theory of Savings: Some Macroeconomic Evidence [J] . Brookings Papers on Economic Activity, 1992 (6) .

[8] Chien – Liang Chen, Chung – Ming Kuan, Chu – Chia Lin. Saving and Housing of Taiwanese Households: New Evidence from Quantile Regression Analyses [J] . Journal of Housing Economics, 2007 (2) .

[9] Chun Hua He, Xiao Mei Zhang, Bing Jun Li. Empirical Analysis of Change of Consumption Structure Between Henan Urban and Rural Residents [J] . Advanced

Materials Research, 2012, 1566 (433) .

[10] Della Valle, Oguchi. Distribution the Aggregate Consumption Function and the Level of Economic Development: Some Cross – country Results [J] . Journal of Politics, 1976 (1) .

[11] Denton, A. Understanding Consumption [J] . Journal of Women' s Health, 1992 (3) .

[12] Duesenberry James S. Income, Savings and the Theory of Consumer Behavior [J] . Journal of Women' s Health, 1949 (4) .

[13] Fabio Mariani, Agustín Pérez – Barahona, Natacha Raffin. Life Expectancy and the Environment [J] . Journal of Economic Dynamics and Control, 2009 (4) .

[14] Fangfang Hou, Kefeng Ai. The Empirical Research of Relationship between Consumption and Income for Chinese Urban Residents [J] . Open Journal of Applied Sciences, 2015, 5 (6) .

[15] Feng – Yao Lee. Estimation of Dynamic Demand Relations from A Time Series of Family Budget Data [J] . Journal of the American Statistical Association, 1970 (3) .

[16] Greg Kaplan, Giovanni L. Violante. A Model of the Consumption Response to Fiscal Stimulus Payments [J] . Econometrica, 2014 (4) .

[17] Guariglia A. , Rossi M. Consumption, Habit Formation, and Precautionary Saving: Evidence from the British Household Panel Survey [J] . Oxford Economic Papers, 2002 (6) .

[18] Hanlin SUN. Empirical Analysis on the Relation between Population Aging and Resident Consumption in China: Based on the Data From 1981 to 2011 [J]. Management Science and Engineering, 2014, 8 (2) .

[19] Jaime Alonso – carrera, Jordi Caballe, Xavier Raurich. Consumption Externalities, Habit Formation and Equilibrium Efficiency [J] . Scandinavian Journal of Economics, 2004, 106 (2): 231 – 251.

[20] Jeffrey C. Fuhrer, Michael W. Klein. Risky Habits: On Risk Sharing, Habit Formation, and the Interpretation of International Consumption Correlations [J].

Review of International Economics, 2006 (4).

[21] Jeong – Joon Lee, Yasuyuki Sawada. Precautionary Saving under Liquidity Constraints: Evidence from Rural Pakistan [J]. Journal of Development Economics, 2009 (1).

[22] Jiechen. Re – evaluating the Association between Housing Wealth and Aggregate Consumption: New Evidence from Sweden [J]. Journal of Housing Economics, 2006, 15 (4): 321 –348.

[23] Kaldor N. Alternative Theories of Distribution [J]. Review of Economics Studies, 1956 (1).

[24] Luigiventura, Josephg. Eisenhauer. Prudence and Precautionary Saving [J]. Springer US, 2006, 30 (2): 155 –168.

[25] Mark Kazarosian. Precautionary Savings—A Panel Study [J]. Review of Economics and Statistics, 1997 (2).

[26] Martin Browning M. Dolores Collado. Habits and Heterogeneity in Demands: A Panel Data Analysis [J]. Journal of Applied Econometrics, 2007, 22 (3): 625 –640.

[27] Michael Binder, M. Hashem Pesaran. Life – cycle Consumption Under Social Interactions [J]. Journal of Economic Dynamics and Control, 2001, 25 (1): 35 –83.

[28] Moon Kee Kong, Jeong Yeon Lee, Hoe Kyung Lee. Precautionary Motive for Saving and Medical Expenses Under Health Uncertainty: Evidence from Korea [J]. Economics Letters, 2008, 100 (1): 76 –79.

[29] Musgrove P. Income Distribution in Countries During the Period of Economic Reform and Globalization [J]. The Journal of Political Economy, 2005 (4).

[30] N. Kundan Kishor. Does Consumption Respond More to Housing Wealth Than to Financial Market Wealth? If So, Why? [J]. Springer US, 2007, 35 (4): 427 –448.

[31] Patrick Toche. A Tractable Model of Precautionary Saving in Continuous Time [J]. Economics Letters, 2004, 87 (2): 267 –272.

[32] Ping Wang, Qian Liu, Yu Qi. Factors Influencing Sustainable Consumption Behaviors: A Survey of the Rural Residents in China [J]. Journal of Cleaner Production, 2014, 63 (5).

[33] Qian Long, Zhao Yong, Zhong Sheng. The Empirical Analysis of the Impacts of Income Distribution Gap on Consumption Demand: Based on the Statistic Data of Chinese Urban Residents in 2000 – 2010 [J]. Chinese Journal of Population Resources and Environment, 2012, 10 (4).

[34] Richard Blundell, Stephen Bond. Initial Conditions and Moment Restrictions in Dynamic Panel Data Models [J]. Journal of Econometrics, 1998 (1): 115 – 143.

[35] Rob Alessie, Annamaria Lusardi. Consumption, Saving and Habit Formation [J]. Economics Letters, 1997, 55 (1): 103 – 108.

[36] Rob Alessie, Annamaria Lusardi. Saving and Income Smoothing: Evidence from Panel Data [J]. European Economic Review, 1997, 41 (7): 1251 – 1279.

[37] Rob Alessie, Federica Teppa. Saving and Habit Formation: Evidence from Dutch Panel Data [J]. Empirical Economics, 2010 (2).

[38] Samwick, Andrew A. How Important Is Precautionary Saving? [J]. The Review of Economics and Statistics, 1998 (3).

[39] Sarah Brown, Karl Taylor. Household Debt and Financial Assets: Evidence from Germany, Great Britain and the USA [J]. Journal of the Royal Statistical Society: Series A (Statistics in Society), 2008 (3).

[40] Valley D., Philips A. Studies in Inequality of Income, and Consumption Function: Some Cross – Country Results [J]. The Journal of Political Economy, 2003 (4).

[41] Viola Angelini. Consumption and Habit Formation When Time Horizon Is Finite [J]. Economics Letters, 2009, 103 (2): 113 – 116.

[42] Whitaker, Jamesb, Effland. Income Stabilization Through Government Payments: How Is Farm Household Consumption Affected? [J]. Agricultural and Resource Economics Review, 2009, 38 (1): 36 – 48.

[43] Xiaotong Jin, Shengliang Deng, Ilan Alon. Consumption Behavior of Chi-

nese urban Residents During Economic Transition [J]. International Journal of Emerging Markets, 2011, 6 (3).

[44] Xin Zhao, Qian Sun, Yan Hong Huang Fu, Chao Ran Li. Analysis of Consumption of Rural Residents in Jilin Province Based on Hidden Markov Model [J]. Advanced Materials Research, 2014, 3255 (971).

[45] Xu Bin, Xu Renjing. An Empirical Analysis on the Consumption Structure of Town Residents, Jiangxi Province—Based on the Extended Linear Expenditure System Model (ELES) [J]. Physics Procedia, 2012, 24 (5).

[46] Ye Jin, Hongbin Li, Binzhen Wu. Income Inequality, Consumption, and Social-status Seeking [J]. Journal of Comparative Economics, 2010 (2).

[47] Zai Tang Wang, Na Wang. Research on the Relationship between Income and Consumption of Residents Based on the Regression Model [J]. Applied Mechanics and Materials, 2014, 3082 (543).

[48] Zhu, Zhenya, Li, Yuhong. A Study on Regional Identities of Rural Residents' Consumption During the Period of Economic Transformation [J]. EN, 2012, 7 (7).

[49] 艾春荣，汪伟．习惯偏好下的中国居民消费的过度敏感性——基于1995~2005年省际动态面板数据的分析 [J]．数量经济技术经济研究，2008，25 (11)：98-114.

[50] 毕玉江，裴瑱．消费惯性作用下农村居民和城镇居民消费影响因素的差异研究 [J]．经济经纬，2016，33 (5)：120-125.

[51] 常香荷．改善城镇低收入群体的生存状况 [J]．宏观经济管理，2016，392 (8)：62-64.

[52] 陈斌开，陈琳，谭安邦．理解中国消费不足：基于文献的评述 [J]．世界经济，2014，37 (7)：3-22.

[53] 陈斌开．收入分配与中国居民消费——理论和基于中国的实证研究 [J]．南开经济研究，2012，163 (1)：35-51.

[54] 陈冲．收入不确定性的度量及其对农村居民消费行为的影响研究 [J]. 经济科学，2014，201 (3)：48-62.

[55] 陈健，高波．收入差距、房价与消费变动——基于面板数据联立方程模型的分析［J］．上海经济研究，2012（2）：53－62.

[56] 陈凯．基于习惯形成和地位寻求的中国居民消费行为研究［D］．山西财经大学博士学位论文，2015.

[57] 陈彦斌，肖争艳，邹恒甫．财富偏好、习惯形成和消费与财富的波动率［J］．经济学（季刊），2003（4）：147－156.

[58] 程恩富．论经济力中的消费力及与消费关系的辩证运动［J］．消费经济，1997（6）.

[59] 崔海燕，范纪珍．内部和外部习惯形成与中国农村居民消费行为——基于省级动态面板数据的实证分析［J］．中国农村经济，2011，319（7）：54－62.

[60] 崔海燕，杭斌．收入差距、习惯形成与城镇居民消费行为［J］．管理工程学报，2014，28（3）：87，140－145.

[61] 崔海燕．我国居民消费与经济增长关系的区域差异研究［J］．技术经济，2011（2）：98－101.

[62] 崔海燕．习惯形成与中国城乡居民消费行为［D］．山西财经大学博士学位论文，2012.

[63] 戴丽娜．习惯形成、不确定性、流动性约束与居民消费——基于省际动态面板数据的实证分析［J］．商业经济与管理，2010，221（3）：58－63.

[64] 杜海韬，邓翔．流动性约束和不确定性状态下的预防性储蓄研究——中国城乡居民的消费特征分析［J］．经济学（季刊），2005（1）：297－316.

[65] 方福前，俞剑．居民消费理论的演进与经验事实［J］．经济学动态，2014，637（3）：11－34.

[66] 方福前．中国居民消费需求不足原因研究——基于中国城乡分省数据［J］．中国社会科学，2009（2）：68－82，205－206.

[67] 方建中．消费力：经济增长的根本动力源［J］．唯实，2007（10）.

[68] 冯婷婷，张淼．城镇居民不同收入阶层的基本需求及边际消费倾向研究［J］．中国人口·资源与环境，2012，22（8）：147－152.

[69] 高帆．中国城乡居民消费行为的差异性——基于省际面板数据的实证

研究［J］．经济学家，2015，194（2）：53－62.

［70］郭庆旺．消费函数的收入阶层假说［J］．经济理论与经济管理，2013，265（1）：5－9.

［71］郭英彤．收入不确定性对我国城市居民消费行为的影响——基于缓冲储备模型的实证研究［J］．消费经济，2011，27（6）：22，52－56.

［72］韩海燕．中国城镇居民收入不确定性与消费问题研究［J］．西藏大学学报（社会科学版），2012，27（3）：155－159.

［73］杭斌，郭香俊．基于习惯形成的预防性储蓄——中国城镇居民消费行为的实证分析［J］．统计研究，2009，26（3）：38－43.

［74］杭斌，申春兰．习惯形成下的缓冲储备行为［J］．数量经济技术经济研究，2008（10）：142－152.

［75］杭斌，闫新华．经济快速增长时期的居民消费行为——基于习惯形成的实证分析［J］．经济学（季刊），2013，12（4）：1191－1208.

［76］杭斌．理性习惯偏好与居民消费行为［J］．统计研究，2011（3）：23－29.

［77］杭斌．习惯形成下的农户缓冲储备行为［J］．经济研究，2009，44（1）：96－105.

［78］洪银兴．消费需求、消费力、消费经济和经济增长［J］．中国经济问题，2013（1）：3－8.

［79］胡德宝，柳思维．确定性下的我国城镇居民消费行为研究［J］．贵州财经学院学报，2008（1）：50－56.

［80］黄楚光，涂振鹏．中国城乡居民预防性储蓄动机强度测度：2002～2012［J］．广西财经学院学报，2014，27（4）：70－76.

［81］黄庐进．社会转型深入时期上海城镇居民各收入阶层消费结构研究［J］．华东经济管理，2010，24（7）：1－5.

［82］黄娅娜，宗庆庆．中国城镇居民的消费习惯形成效应［J］．经济研究，2014（S1）：17－28.

［83］贾男，张亮亮．城镇居民消费的“习惯形成”效应［J］．统计研究，2011（8）：43－48.

[84] 贾小玫，焦阳．我国农村居民消费结构变化趋势及影响因素的实证分析［J］．消费经济，2016，32（2）：29－34.

[85] 江克璐，阎海英．我国城镇低收入人群问题［J］．甘肃农业，2006(8)：44.

[86] 雷钦礼．财富积累、习惯、偏好改变、不确定性与家庭消费决策[J]．经济学（季刊)，2009，8（3）：1029－1046.

[87] 李春风，陈乐一，李玉双．消费习惯下我国城镇居民持久收入的边际消费倾向——基于缓冲储备模型的理论与实证分析［J］．现代财经（天津财经大学学报)，2012，32（11）：61－70.

[88] 李辉，徐会奇，王克稳．我国城镇居民消费行为研究分析［J］．中国流通经济，2012，26（8）：106－112.

[89] 李江一，李涵．城乡收入差距与居民消费结构：基于相对收入理论的视角［J］．数量经济技术经济研究，2016，33（8）：97－112.

[90] 李军．收入差距对消费需求影响的定量分析［J］．数量经济技术经济研究，2003（9）：5－11.

[91] 李明生．试论消费力［J］．中国人民大学学报，1993（3）.

[92] 李涛，陈斌开．家庭固定资产、财富效应与居民消费：来自中国城镇家庭的经验证据［J］．经济研究，2014，49（3）：62－75.

[93] 李晓嘉，蒋承．生命周期视角下的城镇居民消费行为——基于全国微观数据的实证分析［J］．浙江社会科学，2015，222（2）：43－53，156.

[94] 李伊，郭志广．经济转型期中国农村居民消费行为分析——基于微观面板数据［J］．宏观经济研究，2013，173（4）：79－87.

[95] 李宗茂．提高消费力与构建和谐社会——读《消费力经济学（修订版)》有感［J］．消费经济，2010（2）.

[96] 刘东皇，谢忠秋，李向东．中国居民消费与经济增长协调发展研究［J］．统计与决策，2015，442（22）：140－142.

[97] 刘东皇．中国城乡居民预防性动机强度的估测［J］．经济论坛，2012，500（3）：6－10.

[98] 刘惯超．中国消费不足的原因：一个综述［J］．当代经济科学，

2010，32（6）：29－35，123.

［99］刘建平，张翠．预期收支不确定性对居民消费行为的影响研究——基于经济转型中我国城镇居民消费数据的分析［J］．消费经济，2015，31（5）：10－16，34.

［100］刘灵芝，潘瑶，王雅鹏．确定性因素对农村居民消费的影响分析——兼对湖北省农村居民的实证检验［J］．农业技术经济，2011，200（12）：61－69.

［101］刘双．社会保障对农村居民消费行为的影响研究［D］．华中农业大学博士学位论文，2016.

［102］刘文斌．收入差距对消费需求的制约［J］．经济学动态，2000（9）：13－16.

［103］刘新，刘伟，胡宝娣．社会保障支出、不确定性与居民消费效应［J］．江西财经大学学报，2010（4）：49－55.

［104］龙志和，王晓辉，孙艳．中国城镇居民消费习惯形成实证分析［J］．经济科学，2002（6）：29－35.

［105］龙志和，周浩明．西方预防性储蓄假说评述［J］．经济学动态，2000（3）：65－68.

［106］龙志和，周浩明．中国城镇居民预防性储蓄实证研究［J］．经济研究，2000（11）：33－38，79.

［107］卢映西．生产能力过剩与消费能力稀缺——论西方主流经济学的基础性缺陷［J］．经济学家，2005（5）.

［108］陆丰刚．居民消费能力及其判定标准探析［J］．现代产业经济，2013，1（1）：48－60.

［109］罗楚亮．经济转轨、不确定性与城镇居民消费行为［J］．经济研究，2004（4）：100－106.

［110］吕朝凤，黄梅波．偏向性技术变迁、习惯形成与中国经济周期特征——基于 RBC 模型的实证分析［J］．经济评论，2012，174（2）：32－44.

［111］吕朝凤，黄梅波．中国居民消费的习惯形成——基于 1979～2008 年省域面板数据的实证分析［J］．经济与管理研究，2011，223（6）：28－35.

[112] 潘明清，高文亮．我国城镇化对居民消费影响效应的检验与分析［J］．宏观经济研究，2014，182（1）：118－125.

[113] 齐福全，王志伟．北京市农村居民消费习惯实证分析［J］．中国农村经济，2007，271（7）：53－59.

[114] 桑江．城镇低收入居民消费行为分析［J］．商业经济，2012，389（1）：27－28.

[115] 尚昀，臧旭恒，宋明月．我国不同收入阶层城镇居民的预防性储蓄实证研究［J］．山东大学学报（哲学社会科学版），2016，215（2）：26－34.

[116] 尚昀．预防性储蓄、家庭财富与不同收入阶层的城镇居民消费行为［D］．山东大学博士学位论文，2016.

[117] 沈晓红．关于当前城镇低收入居民社会保障的思考［J］．延边党校学报，2011，26（3）：55－56.

[118] 宋建．中国中等收入阶层与居民消费研究［D］．山东大学博士学位论文，2015.

[119] 宋建．不同收入阶层消费之间相互影响的实证分析［J］．经济问题探索，2017，416（3）：46－55.

[120] 宋明月．不确定性、居民家庭储蓄与消费行为研究［D］．山东大学博士学位论文，2016.

[121] 孙凤，王玉华．中国居民消费行为研究［J］．统计研究，2001（4）：24－30.

[122] 覃邑龙，胡小军．基于多层次分析模型的中国居民消费能力评估［J］．数学的实践与认识，2012（16）：1－6.

[123] 谭顺，程东杰．当前中国消费不足的四种基本形态——兼析消费不足的具体成因［J］．经济问题探索，2011，342（1）：33－37.

[124] 谭顺，郭乾．破解当前我国消费不足的治理困境——基于马克思消费力理论的研究［J］．经济学家，2017，221（5）：14－19.

[125] 谭顺，温立武，郭乾．劳动者消费能力的限定、解放与发展——马克思对于三种历史条件下劳动者消费能力的分析及其启示［J］．当代经济研究，2016，256（12）：21－26.

［126］田岗．确定性、融资约束与我国农村高储蓄现象的实证分析——一个包含融资约束的预防性储蓄模型及检验［J］．经济科学，2005（1）：5－17.

［127］田萍，武新乾，梅倩倩等．我国城乡居民消费与经济增长区域差异性的实证分析［J］．数学的实践与认识，2014（22）：89－95.

［128］田青，高铁梅．转轨时期我国城镇不同收入群体消费行为影响因素分析——兼谈居民消费过度敏感性和不确定性［J］．南开经济研究，2009，149（5）：126－136.

［129］田青．我国城镇居民收入与消费关系的协整检验——基于不同收入阶层的实证分析［J］．消费经济，2008，133（3）：7－10.

［130］万广华，张茵，牛建高．流动性约束、不确定性与中国居民消费［J］．经济研究，2001（11）：35－44，94.

［131］王冬．中国农村居民消费行为及影响因素分析［D］．东北财经大学博士学位论文，2015.

［132］王芳，何中阳．农村居民不同收入阶层消费行为过度敏感性的实证分析［J］．消费经济，2011，27（4）：45－48.

［133］王健宇．收入不确定性的测算方法研究［J］．统计研究，2010，27（9）：58－64.

［134］王今朝，龙斧．从消费结构扭曲与家庭收入分层看中国内需不足的根本影响因素［J］．管理学刊，2014，27（6）：66－73.

［135］王金安．居民消费影响因素的实证研究［J］．福建论坛（人文社会科学版），2014（9）：39－43.

［136］王克稳，李敬强，徐会奇．确定性对中国农村居民消费行为的影响研究——消费不确定性和收入不确定性的双重视角［J］．经济科学，2013，197（5）：90－98.

［137］王立国，宋雪．我国居民消费能力研究——基于化解产能过剩矛盾的视角［J］．财经问题研究，2014，364（3）：82－89.

［138］王强东．“消费力标准”之理论与实践研究［J］．广东开放大学学报，2017（5）.

［139］王小华，温涛，朱炯．习惯形成、收入结构失衡与农村居民消费行为

演化研究［J］. 经济学动态，2016，668（10）：39－49.

［140］王秀云. 基于西方消费理论视角谈我国消费不足问题［J］. 商业时代，2012，548（1）：28－30.

［141］王雪琪，赵彦云，范超. 我国城镇居民消费结构变动影响因素及趋势研究［J］. 统计研究，2016（2）：61－67.

［142］王艳，范金. 收入差距与中国城镇居民消费行为的实证研究［J］. 管理工程学报，2007（1）：6－11，35.

［143］王一新. 中国居民消费率低估研究：一个假说［D］. 江西财经大学博士学位论文，2014.

［144］王怡，李树民. 城镇居民消费结构与经济增长关系的实证研究［J］. 统计与决策，2012，358（10）：135－137.

［145］王子彦，李宁. 对“适度消费”概念的不同理解［J］. 东北大学学报（社会科学版），2005（2）：84－86.

［146］魏勇，杨孟禹. 收入结构、社会保障与城镇居民消费升级［J］. 华东经济管理，2017，31（3）：90－99.

［147］文启湘，李忠飞. 全面发展与提高消费力［J］. 湖南师范大学社会科学学报，2015（2）：118－123.

［148］文启湘. 提高消费力、促进人的全面发展的创新力作——评《消费力经济学》［J］. 求索，2001（6）.

［149］吴振球，王芳，周昱. 我国经济发展中合意消费率与合意居民消费率确定与预测研究［J］. 中央财经大学学报，2014，327（11）：76－83.

［150］武晨笛. 城镇居民不同收入阶层消费研究［J］. 企业技术开发，2011（7）：114－115.

［151］武晓利，龚敏，晁江锋. 家庭消费行为变迁、经济波动与居民消费率——基于 Bayes 估计的 DSGE 模型［J］. 经济问题，2014，418（6）：30－35.

［152］武新乾，梅倩倩，田萍. 城镇居民消费与经济增长区域差异性的实证分析［J］. 消费经济，2013（5）：19－22.

［153］项松林. 内需扩大、消费习惯与贸易顺差［J］. 当代财经，2011，322（9）：94－103.

［154］谢邦昌，章贵军，刘润芳．中国城镇居民消费行为研究——基于中国省际动态面板模型的分析［J］．统计与信息论坛，2013（4）：74－79.

［155］谢贤芬，王斌会，李雄英．城镇居民消费能力区域差异的基尼系数测度［J］．统计与信息论坛，2014，29（6）：81－86.

［156］熊汉富．试论消费力的分解与合成［J］．湖南教育学院学报，1998（1）．

［157］徐会奇，卢强，王克稳．农村居民收入不确定性对消费的影响研究——基于灰色关联分析［J］．华东经济管理，2014，28（2）：29－33，84.

［158］徐晶．我国城乡居民消费行为比较研究——持久收入假说视角［J］．中国科技信息，2005（21）：191，194.

［159］闫新华，杭斌．内、外部习惯形成及居民消费结构——基于中国农村居民的实证研究［J］．统计研究，2010，27（5）：32－40.

［160］闫新华．基于习惯形成的中国居民消费行为研究［D］．山西财经大学博士学位论文，2010.

［161］严先溥．对我国居民消费能力的基本判断与思考［J］．调研世界，2012，226（7）：7－12.

［162］易行健，张波．中国城镇居民消费倾向波动的实证检验——基于不同收入阶层视角［J］．上海财经大学学报，2011，13（1）：74－81.

［163］易然．谈谈消费力范畴［J］．湘潭大学（社会科学学报），1981（4）：26－29.

［164］余永定，李军．中国居民消费函数的理论与验证［J］．中国社会科学，2000（1）：123－133，207.

［165］俞剑，方福前．中国城乡居民消费结构升级对经济增长的影响［J］．中国人民大学学报，2015，29（5）：68－78.

［166］禹四明，李亚诚．城镇化背景下居民消费水平与经济增长的动态分析［J］．消费经济，2015，31（5）：86－91.

［167］袁志刚，宋铮．城镇居民消费行为变异与我国经济增长［J］．经济研究，1999（11）：20－28.

［168］袁志刚，朱国林．消费理论中的收入分配与总消费——及对中国消费

不振的分析 [J]. 中国社会科学, 2002 (2): 69 - 76.

[169] 臧旭恒, 裴春霞. 预防性储蓄: 产生及其决定 [J]. 东岳论丛, 2004 (6): 88 - 94.

[170] 臧旭恒, 张继海. 收入分配对中国城镇居民消费需求影响的实证分析 [J]. 经济理论与经济管理, 2005 (6): 5 - 10.

[171] 臧旭恒, 朱春燕. 预防性储蓄理论——储蓄 (消费) 函数理论的新进展 [J]. 经济学动态, 2000 (8): 61 - 65.

[172] 臧旭恒. 居民跨时预算约束与消费函数假定及验证 [J]. 经济研究, 1994 (9): 11, 51 - 59.

[173] 翟天昶, 胡冰川. 消费习惯形成理论研究述评 [J]. 经济评论, 2017 (2): 138 - 149.

[174] 张安全, 凌晨. 习惯形成下中国城乡居民预防性储蓄研究 [J]. 统计研究, 2015, 32 (2): 23 - 30.

[175] 张俊英. 从消费力视角看跨越中等收入陷阱 [J]. 消费经济, 2013, 29 (2): 18 - 22.

[176] 张清华, 郭淑芬. 中国居民消费和经济增长关系研究 [J]. 统计与决策, 2015, 426 (6): 135 - 137.

[177] 张世伟, 郝东阳. 城镇居民不同收入群体消费行为分析 [J]. 财经科学, 2010, 270 (9): 85 - 95.

[178] 张寻远, 李文启. 城镇居民消费区域差异的影响因素及其效应——基于中国省份面板数据的实证分析 [J]. 消费经济, 2011, 27 (6): 37 - 40.

[179] 张玉周. 基于 Dynan 模型的农村居民预防性储蓄动机研究——以河南为例 [J]. 数理统计与管理, 2013, 32 (3): 169 - 177.

[180] 赵伟铎, 于晔, 王健力. 提高农村居民消费力的对策探析 [J]. 当代经济, 2012 (14): 74 - 75.

[181] 郑必清. 消费力理论研究及其现实意义 [J]. 湘潭大学学报 (哲学社会科学版), 2007, 140 (3): 77 - 81.

[182] 郑鑫. 城乡居民消费力的实证分析——以福建省为例 [J]. 哈尔滨商业大学学报 (社会科学版), 2012, 124 (3): 92 - 97.

[183] 周绍杰，张俊森，李宏彬．中国城市居民的家庭收入、消费和储蓄行为：一个基于组群的实证研究［J］．经济学，2009（3）：244－280.

[184] 朱信凯，骆晨．消费函数的理论逻辑与中国化：一个文献综述［J］．经济研究，2011，46（1）：140－153.

[185] 朱艳春，柳思维．近年来国内消费经济理论研究的新动态［J］．消费经济，2014，30（4）：93－97.

[186] 宗成华，宋万杰，马世猛．中国低收入地区居民消费特征研究——基于 ELES 模型实证分析［J］．经济问题，2016，443（7）：85－90.

[187] 宗成华．中国西部农村居民消费结构变动研究［D］．中国农业大学博士学位论文，2015.

后　记

本书是在我的博士学位论文基础上完成的。犹记得在论文完成、定稿上交之时，心情激荡，感慨万千！回首读博期间的点点滴滴和近十个月论文写作的忙碌艰辛、呕心沥血，一路走来，确实不容易，可谓异常艰难。在漫长的六年时间里，我经历了人生中许多重大事件，遭遇了一些变故，得到太多师长、同事、朋友、同学和家人的亲切关怀与热心帮助，我要借此机会表示衷心的感谢！

感谢我的导师张进铭教授！论文从确立选题，构思框架，讨论修改，反复再修改，直至定稿，无不凝结着张老师的心血。正是导师一步步地指引，手把手地教导，孜孜不倦地教诲和耐心地督促，才有这篇论文的脱稿。回首写作论文的整个过程，脑海里全是当时导师刚刚动完手术、躺在病榻之上对我循循善诱、谆谆教导、反复解说和温馨鼓励的场景，每每想起，都让我感动不已。师者，德之大也！从师六年，导师一丝不苟的治学态度、科学严谨的研究方法、精益求精的工作作风、诲人不倦的高尚师德、正直善良的人格魅力，都给我深深的震撼，已经在我的心灵刻上深深的烙印！导师不仅在学术上将我引进殿堂，还教我做人的道理，教我为人处世的原则，教我诚挚待人、与人为善的高尚品格。我头脑简单，难免在言谈举止中流露出错误，自己看不到也不知道，是导师细致周到地为我指出缺点，反复耐心地给我解说道理，让我明白小事情大品格。这些都将成为我未来人生路上的宝贵精神财富，将使我终身受益！导师对我的生活也关怀备至：当我家庭突遇困难时，是导师积极地帮我渡过难关。在此我谨向张老师致以诚挚的感谢和深深的敬意！

回首求学历程，要感谢的人太多！感谢博士生期间的授业恩师王小平教授、陆长平教授、廖卫东教授、方宝璋教授、伍世安教授，等等，是你们无私的教诲，让我有今天的成长！

我要感谢在江西财经大学共事多年的诸多领导、老师和朋友，谢谢你们对我工作和学习的大力支持！感谢协同创新中心的徐斌主任，徐主任直接领导我工作多年，在他耐心指导和提携下，我收获很多，进步巨大。感谢江西财经大学经济研究院吴志军院长，吴院长不仅在工作上对我积极指导，在生活上，也为我奔走相助，热心助我，对此我一直感怀在心。感谢我的前任老领导曹元坤教授，多年来曹教授对我工作、学习、生活无一不亲切关怀、悉心教导，在我准备考博期间，多次为我推荐导师，指引我、激励我不断努力、上进，不是老师胜似老师！我要特别感激前省人大常委、现省政协常委朱丽萌研究员，朱老师平易友善，德才兼备，多年来不仅在工作上持续教导我，对我完成学业也给予积极帮助，与朱老师相处，如沐春风！感谢江西财经大学经济研究院副院长陈雁云研究员，多年共事，陈院长待我宽厚如兄长。感谢刘镇教授、刘修礼教授、习明明博士、项文彪博士、曾冰博士、刘伟明博士、朱玉萍老师、王红老师，等等。特别感谢时任江西财经大学经济研究院办公室主任白萍老师，白老师经常对我嘘寒问暖，给我许多建议、鼓励！

感谢关心我的同门师兄弟，尤其是彭新万博士、周才云博士、张明勇博士、廖鹏博士、汤晓军博士、戴攸峥博士、陈志愉硕士等；感谢博士求学时期诸多同窗，特别是曹会勇博士、吕卫华博士、陈洪章博士等好友的陪伴。

永远感谢我在西南财经大学读硕士时的导师张炜教授和师母宁涛老师！感谢你们当年的关爱。张老师是我一辈子的指路人，不仅改变了我一生的道路，也造就了我现在许多的思想观和人生观。虽然远在千里之外，但得益于发达的互联网，让我现在还能经常接收到恩师的言传身教，师恩永念！

感谢我的妻子熊曼，十多年来是你寸步不离，相守在伴，相濡以沫，默默忍受我无休止的抱怨，感谢你的宽容、信任与支持！将来的路一定会越走越宽！感谢父母把我养育，让我有今天；感谢岳父母在我写论文时帮忙带小孩。最大的感谢送给我那当时还在牙牙学语的儿子姜大笑，你的一个小小的举手或投足都能带给我天大的幸福感受。祝儿子永远健康，快乐成长。

感谢百忙之中抽时间为我审阅论文的专家、学者和老师，特别是五位论文盲审专家对本书提出了许多宝贵的修改意见。感谢答辩委员会的杨瑞龙教授、卢现祥教授、王小平教授、张利国教授和廖卫东教授，以及预答辩会上的陆长平教授，诸位老师对我论文的批评指正给我启发很大，极大地帮助我完善了本书。在论文写作过程中参考了非常多的资料，限于篇幅有的不能一一列举出来，在此一并致以诚挚的谢意！

本书的出版得到江西财经大学协同创新中心的资助，在此深表感谢。特别感谢中心徐斌主任的大力支持，感谢陈洪章博士的积极帮助。由于学识、能力和条件的限制，本书还存在许多不足，我将会在以后认真完善、改进！

姜宝华

2019 年 11 月 28 日

江西财经大学蛟桥园